Ava Minatti

Heilung für das Innere Kind

Arbeitsbuch

Bitte fordern Sie unser kostenloses Verlagsverzeichnis an:

Smaragd Verlag
In der Steubach 1
57614 Woldert (Ww.)
Tel: 02684.978808
Fax: 02684.978805
E-Mail: info@smaragd-verlag.de
www.smaragd-verlag.de

Oder besuchen Sie uns im Internet unter der obigen Adresse.

www.smaragd-verlag.de
Deutsche Erstausgabe 2002
Cover: XPresentation nach einem Bild von Angelica
Satz: DTP-Service-Studio, Rheinbrohl
Printed in Czech Republic
ISBN 3-934254-37-3

Ava Minatti

Heilung für das Innere Kind

Arbeitsbuch

Smaragd Verlag

Widmung

Dieses Buch ist der Seele meiner Mutter gewidmet.

Danksagung

Ich danke

- Antan, Rowena und Jona für ihre Liebe;
- meiner Schwester Angelika für ihren Mut, mir die Erlaubnis zu geben, persönliche Erlebnisse unserer Familie weiterzuerzählen;
- Herta und Elisabeth für ihre liebevolle Betreuung meiner „äußeren" Kinder Rowena und Jona;
- Marianne-Uriella für die gemeinsamen Erfahrungen und daß einige davon auch in dieses Buch miteinfließen konnten;
- Mara Ordemann, unserer Verlegerin und somit der „Hebamme" unserer Bücher, für die leichte und liebevolle Zusammenarbeit;
- unseren Freunden für ihre Unterstützung und für ihre Leichtigkeit und ihr Lachen;
- den Menschen, die den Lichtgarten, unsere Seminare und Einzelsitzungen besuchen (und unsere Bücher lesen) und uns so in unserer Arbeit unterstützen bzw. diese ermöglichen;
- der geistigen Welt, den Engeln, den Meisterebenen, den Sternenwesen und all den anderen lichten Wesenheiten für ihre Führung und Begleitung.

Seid alle ganz herzlich geknuddelt!

In Liebe AVA

Inhaltsverzeichnis

Vorwort

Das Innere Kind ist Teil unseres emotionalen Seins. Es wird genährt durch die Erfahrungen aus unserer Kindheit, genauso wie durch Erfahrungen aus früheren Inkarnationen. Je nachdem, wie befriedigt oder unerfüllt sich das Innere Kind aufgrund dieser Erlebnisse fühlt, sprechen wir von einem geheilten oder einem verletzten Inneren Kind.

Jeder von uns trägt dieses Innere Kind in sich. Viele Reaktionen und Aktionen in unserem Leben, sowohl in Beziehungen und Partnerschaften als auch im Arbeitsalltag, werden von diesem Inneren Kind bestimmt.

Ich möchte dir ein Beispiel geben. Stell dir vor, ein Mensch hat in dieser Inkarnation von seinem Vater nie das Gefühl der Anerkennung und der Bestätigung erhalten. Meist wurden seine Leistungen bewertet, nie aber wurde er dafür gelobt. Und selbst wenn er alles versuchte, um seinem Vater zu gefallen, bekam er nie die Achtung, die er sich wünschte. Dieser Mensch wird nun erwachsen. Er ist immer noch auf der Suche nach der Anerkennung im Außen von einer männlichen, zielgerichteten Energie, weil sein Inneres Kind sich immer noch abgelehnt fühlt, zornig ist, traurig ist und seinem Vater nicht verziehen hat, wie er so hart hatte sein können.

Vielleicht ist dieser Mensch nun erfolgreich in seinem Beruf und opfert sich für seine Firma und seinen Vorgesetzen, seinen Vaterersatz auf. Er arbeitet Tag und Nacht, denn er will die von ihm gewünschte Leistung erbringen, um Anerkennung zu erhalten. Er macht sich abhängig und erlaubt sich nicht, seine eigenen Bedürfnisse wahrzunehmen, geschweige denn, sie zu verwirklichen.

Vielleicht ist dieser Mensch aber auch jemand, der sich vor der Zielgerichtetheit und der klaren Entscheidung fürchtet und deshalb nicht in der Lage ist, einen konsequenten Berufungsweg zu gehen. Er beginnt dies, er beginnt das – und sobald es irgendwie schwierig wird, er sich klar entscheiden oder sich mit anderen Mitarbeitern und Vorgesetzen auseinandersetzen müßte, bekommt er den unwiderstehlichen Drang, aufzuhören und sich was Neues zu suchen.

Natürlich wirkt sich das auch auf seine Partnerschaften aus. Vielleicht heiratet er, vielleicht bekommt er Kinder. Nun kann es sein, daß die Menschen, die er liebt, den Eindruck haben, als könnten sie tun und machen, was sie wollten, er aber nicht fähig ist, dieses anzuerkennen, sondern immer nur das sieht, was noch zu tun ist. Er kann nicht innehalten und nicht mit ihnen genießen. Hier wiederholt sich die Geschichte.

Vielleicht aber auch hat dieser Mensch niemals erfahren, was es heißt, eine dauerhafte Beziehung zu leben. Er ist wie ein Schmetterling, der von Blume zu Blume fliegt, keine Verantwortung übernehmen und keine klare Entscheidungen treffen möchte.

Alle diese Möglichkeiten beruhen auf der Kränkung des Inneren Kindes und nicht auf der Fähigkeit, sich frei zu entscheiden.

Wie oft in unserem Leben sagen wir zu einem anderen Menschen einfach: „Nein." Unser Inneres Kind ruft trotzig: „Nein. Will ich nicht. Kann ich nicht." Ohne daß wir in diesem Moment auf die Stimme unseres Herzens, unserer Seele, hören würden.

Wie oft sagen wir: „Ich würde ja gerne, aber ...". Auch dieser Satz ist sehr oft aus unserem Inneren Kind geboren. Denn wie oft haben wir den Satz gehört: „Du kannst nicht alles haben!" - eine sehr einschränkende, frustrierende Aussage, und ich denke, es ist an der Zeit, sich davon zu lösen

Nun geht es darum, sein Inneres Kind kennen zu lernen, achtsam zu sein, wie es im Alltag mitagiert, und es dann zu verändern. Es in den Arm zu nehmen, es zu lieben und Heilung geschehen zu lassen in der eigenen Geschichte, die Vergangenheit loszulassen und Frieden zu schließen mit den Menschen, die hier mitspielten. Damit Freiheit auf allen Ebenen Raum nehmen kann, denn die Freiheit ist die Basis, auf der Liebe wachsen kann.

Heilung bzw. Heilsein ist für mich ein Ausdruck der Harmonie zwischen Körper, Geist und Seele. Disharmonie entsteht nach meinem Verständnis dadurch, daß ich mich getrennt von Gott, getrennt von anderen Wesen empfinde. Der Weg der Heilung ist für mich ein Weg der Bewußtseinserweiterung, indem ich beginne zu erleben, daß es nichts Getrenntes von mir gibt, das heißt, daß ich mit allem verbunden bin. Heilung oder Heilsein ist für mich das bewußte Sein, daß ich eins bin mit allem, was ist.

Da ich ein Mensch bin, der sehr gern über persönliche Erfahrungen lernt und begreift, möchte ich die Geschichte meines Inneren Kindes gerne mit dir teilen. Wir alle haben unsere Erfahrungen gesammelt, und egal, wie auch immer sie gewesen sind, egal, wie schmerzhaft sie auch gewesen sein mögen, wir alle haben die Möglichkeit, haben die Kraft, haben die Heilungsmacht und das Wissen, heil zu sein.

Die Geistige Welt unterstützt dieses wieder mit zahlreichen Durchgaben und auch Anregungen – damit wir unser strahlendes göttliches Sein erkennen und erfahren.

Die Botschaft meiner Mutter

Meine Mutter verließ ihren physischen Körper nach einer kurzen, intensiven Krankheit im März 2000, gerade an jenem Tag, als Lichtarbeiter über dem Schwarzwald ein Engeltor mit den Kräften von Michael, Melchisedek und Metatron öffneten, und ich stelle mir immer vor, wie ihre Seele durch dieses Tor schlüpfte, um die Dimensionen zu wechseln.

Diese Zeit der Erkrankung war eine sehr heilsame Phase für unsere Beziehung gewesen.

Die Jahre zuvor hatte eine Distanzierung stattgefunden. Ich hatte meine Mutter immer als einen „Kühlschrank" empfunden, zu dem ich keinen warmen, emotionalen Zugang fand. So hatten wir sehr wenig Kontakt gehabt. Durch die Erkrankung und die Schwäche ihres physischen Seins hatte sie keine Kraft mehr gehabt, diesen Panzer aufrechtzuhalten, und so konnte wieder Berührung stattfinden. Ich erlebte ihre Weichheit, und ich konnte ihr wieder begegnen, ich konnte sie be-greifen. Trotz des Schwächerwerdens ihres physischen Körpers empfand ich sie als schön. Und ich konnte wieder wahrnehmen, welche Liebe ich für sie empfand, und auch ihre Liebe für mich spüren.

Unsere letzte physische Begegnung fand im Krankenhaus statt. Früher hatte ich ihr schon gesagt, daß sie nach ihrem Aufstieg ja weiterhin mit uns in Kontakt sein und uns auch Botschaften bringen könne. Bei der Verabschiedung trocknete sie mir meine Tränen und meinte, lauf jetzt, und ich sagte, ja, und du laß deine Seele fliegen!

Nachdem sie ihren physischen Körper verlassen hatte, nahm ich die Anwesenheit ihrer Seele in unserer Wohnung wahr; sie begleitete mich.

Während dieser Zeit nahmen wir selbst an einer essenitischen Ausbildungsgruppe teil, die von Michael Gruber-Brecht in unserem Zentrum Lichtgarten stattfand.

In diesem Rahmen zelebrierten wir auch ein Friedensgebet und entließen die Seele meiner Mutter ins Licht. Ich nahm wahr, wie sie sich verabschiedete, und seither spüre ich sie nicht mehr in meiner Nähe. Aus der geistigen Welt weiß ich, daß sie jetzt in den Ebenen von Andromeda weilt.

Einige Tage vor ihrem Begräbnis meldete sich meine Mutter über Lady Nada durch den Kanal von Michael, um mir folgende Botschaft zu bringen:

Es gehe ihr sehr gut und sie habe sich die Krankheit gewählt, weil sie keine Lust mehr gehabt habe, in dieser Form, zu leben. Sie beruhigte mich auch, indem sie meinte, daß ich mich nicht vor der Energie des Krebses fürchten solle, weil ich sie nicht in meinem zellulären Kode hätte. Sie bat mich, nicht in die Energie der Trauer, sondern in die Energie der Freude zu gehen, damit Weiterentwicklung und Evolution geschehen können.

Sie erzählte mir, daß in unserer Familie ein Mißbrauch stattgefunden und sie davon gewußt habe. Dieses hatte zu einer tiefen Verletzung in ihrem Sein geführt. Sie bat mich, zu verzeihen und den Geist der Rebellion aufzugeben, den ich auch in der Pubertät sehr ausgelebt hatte. Sie erklärte mir, daß sie mich habe schützen wollen vor der Erfahrung, die eines meiner Geschwister bereits erlebt hatte, doch sie hatte sich nicht öffnen und nicht darüber sprechen können.

Weiter erzählte sie mir, daß ich selbst Mißbrauch als traumatischen Zustand erlebt hatte, und bat mich, angstfrei damit umzugehen, auch mit meinem Vater, und Verzeihensenergie aus meinem Herzen fließen zu lassen. Die Energie des Mißbrauches würde nicht an meine Kinder weitergegeben, auch nicht energetisch. Doch sollte ich sie vor meinen eigenen Ängsten schützen. Sie bat mich, mit der Wesenheit meines Vaters in den Fluß des liebe- und friedvollen Seins zu gehen.

Sie erklärte mir, daß mein Vater geglaubt habe, im Recht zu sein, so zu handeln. Weil sein Gehirn seit seiner Jugend nicht gesund gewesen sei, d. h. Teile seines Gehirnes sind in einer Mangelfunktion, und er kann dadurch Recht von Unrecht nicht unterscheiden. Weiter meinte sie, dieses sei so gewesen, als ob ein Kind ein Kind mißbrauchte, was keine Entschuldigung sein sollte.

Meine Mutter bat mich nochmals, nicht in die Rebellion und in das trotzige Schweigen zu gehen, sondern in die Kommunikation, um auch den großen Zorn, der in der gesamten Familie gespeichert sei, durch meine spirituelle Arbeit emporzuheben und aufzulösen.

Sie bat uns, als Kinder den Vater leben zu lassen durch das Verzeihen, damit seine Vaterwürde nicht gekränkt und nicht zerstört werde, denn das sei sein Lebensstolz und die Energie zum Weiterleben.

Sie betonte nochmals, daß die Kinder der Neuen Zeit die Energie des Mißbrauches nicht mitbekommen und einen energetischen Übergriff verbieten würden. Sie bat mich erneut, meine Kinder vor meiner Trauer und meinem Zorn zu bewahren.

Dann berichtete sie weiter, daß sie neugierig auf ihre Beerdigung sei und sich im Rahmen des essenitischen Friedensgebetes verabschieden werde. Sie freue sich auch schon auf unser Wiedersehen und versprach, daß wir uns erkennen würden, und sagte mir auch, daß sie als zweite Tochter meiner Tochter wieder inkarnieren würde.

Abschließend bat sie mich, nicht die Fehler zu wiederholen, sondern neue Wege der Liebe und der Versöhnung zu gehen - im Bewußtsein der Priesterin, die ich in so vielen Inkarnationen gewesen bin und immer noch bin.

Ein Blick zurück

Die Botschaft meiner Mutter war für mich, als hätte sie eine Schachtel geöffnet, die ich vor langer Zeit geschlossen und irgendwo in einem hinteren Winkel meines Seins vergraben hatte.

Das Gespräch war eine Bestätigung für mich gewesen für etwas, was ich lange Zeit geahnt hatte.

Als Jugendliche hatte ich immer wieder Wahrnehmungen gehabt, wie die Energie und die Hände meines Vaters in mein Sein eindrangen. Ich empfand dieses als äußerst unangenehm. Ich ärgerte mich darüber sehr und jagte ihn fort. Manchmal hatte ich auch Träume, in denen ich sah, wie sich ein Schleier öffnete und mein Vater ebenfalls auf mich zukam; meine Mutter schrie, und der Vorhang der Erinnerung ging wieder herunter.

Als ich mich weiter mit Selbsterfahrung und -erforschung beschäftigte, nahm ich auch Einzeltherapiesitzungen und an Seminaren teil, die meine Vermutung des sexuellen Mißbrauches nährten. Doch ich hatte nur eine Ahnung, keine Bestätigung.

Dann besuchte ich eine meiner ersten Channelsitzungen bei einem Medium aus meiner Umgebung. Hier ging es nicht primär darum, Fragen zu stellen, sondern nur Botschaften zu empfangen, die meine Seele im Moment für wichtig erachtete. So erzählte mir mein Hohes Selbst, daß der von mir vermutete sexuelle Mißbrauch nicht stattgefunden habe, sondern daß es darum ginge, mich der Klärung der Beziehung zu meiner Mutter zu widmen und ihr in diesem Zusammenhang die Ängste zurückzugeben, die ich von ihr übernommen hatte und für sie lebte.

Ich habe dieses getan, wenngleich ich mich etwas wunderte, daß die Aussage so nicht meiner Wahrnehmung entsprach. Doch später erkannte ich, daß es auch für Channelings eine bestimmte Zeitqualität gibt. Es wäre zu früh gewesen, damals bereits die Bestätigung zu erhalten, denn ich hätte trotzigen Widerstand geleistet und die Heilung dadurch um vieles erschwert. Zuerst mußte ich mit der Wesenheit meiner Mutter Frieden schließen, bevor das Wissen über die Beziehung zu meinem Vater reif war, von mir in Empfang genommen zu werden, bzw. bis ich reif genug war, in dem jetzigen Bewußtsein damit umzugehen.

Im Laufe der Zeit und durch die Schulung meiner Wahrnehmung konnte ich beobachten, wie mein Vater grundsätzlich bei weiblichen Wesen in seiner Umgebung einen energetischen Faden sponn aus seinem Sein, im zweiten Chakra andockte und Energie sammelte. Ich dachte mir, daß dies eine Erfahrung war, die auch ich erlebt hatte und daß daher meine Empfindungen gekommen waren.

Dieses Energiefäden zu ziehen, um Energie zu erhalten, tat mein Vater nicht deshalb, weil er "böse" war, sondern weil sein Inneres Kind in einem absoluten Defizit an Liebe war und er, wie viele Menschen, so unbewußt versucht hat, dieses auszugleichen.

Seit ich auf der Welt bin, hat er versucht, seine Unzufriedenheit und seinen emotionalen Mangel durch Unmengen von Alkohol zu betäuben. Seine Sucht war ein Ausdruck seiner Suche nach sich selbst. Man könnte auch sagen: nach der Liebe.

Durch sein Trinken, durch die Illusion der Erfüllung seiner Bedürfnisse wurde er immer weniger präsent. Ich hatte sehr oft das Gefühl, als sei er auf diesem Erdenstern nur noch eine physische Hülle, der Inhalt war weit weg. Durch dieses Gefühl, nicht im eigenen Körper zu Hause zu sein, öffnete er vierdimensionalen Wesenheiten, erdgebundenen Seelen, Tür und Tor, und so verstand ich auch, wovor ich als Kind oft Angst gehabt hatte - da er schon damals immer wieder solche Energien einlud, mitzukommen, und diese dann in unserer Wohnung waren.

Oft war ich wütend auf ihn und seinen Alkoholkonsum gewesen, war zornig, weil ich glaubte, er drücke sich davor, Verantwortung für sein Leben zu übernehmen.

Manchmal startete ich den Versuch, mit meinen Eltern über uns und auch über meine Gefühle zu sprechen. Doch da auch wir zu einer Familie gehörten die nach dem Motto: "Was hast du, es ist ja eh alles in Ordnung" lebten, gab ich irgendwann auf.

In einer späteren Einzelsitzung mit einem anderen Channel erfuhr ich von Hilarion etwas über die Beziehung zu meinen Eltern, die ich aufgrund früherer Leben mitbrachte. Mit meiner Mutter war ich unter anderem in Rom inkarniert, wo ich ein junger Krieger und sie mein Feldherr gewesen war. Deshalb kommunizieren wir immer noch gerne über unsere Solarplexen und spielen Spiele der Macht. Hilarion bat mich, darauf zu achten, wenn ich mit ihr in Kontakt trete, zentriert zu bleiben, damit ich nicht auf diese Energie aufspringe. Für mich wäre es wichtig zu lernen, sie in ihrer Andersartigkeit zu akzeptieren, das heißt, mich auch nicht darüber zu ärgern, daß sie sich nicht ändern wollte in Bereichen, wo ich der Überzeugung war, daß es ihr nicht gut geht und sie nur dieses oder jenes tun müßte, damit es anders sein könnte. Dieses Wissen half mir in der Folge sehr oft weiter.

Mit meinem Vater hatte ich u. a. eine Inkarnation in Griechenland, wo er ein begabter Heiler war und ich seine Schülerin. Es brach eine Seuche aus, und ich tat, was ich konnte, um den Menschen zu helfen. Als ich selbst schon sehr ausgezehrt war, wollte ich mich meinem Lehrer zuwenden, doch er war nicht mehr da. Da er gespürt hatte, daß für ihn die Zeit des Aufstiegs gekommen war, hatte er sich, ohne sich von mir zu verabschieden, einfach zurückgezogen. Ich fühlte mich allein gelassen und hatte es ihm nicht verziehen. Hilarion erklärte mir weiterhin, daß es eine große Liebe zwischen der Seele meines Vaters und mir gäbe und diese Inkarnation so etwas wie eine Erholungsinkarnation für ihn ist, weil er sich hier nicht durch „herausragende Leistungen" weiterentwickeln müsse.

Ich habe diese Botschaft zur Kenntnis genommen, wenngleich ich sie emotional nicht annehmen konnte. Ich hatte immer wieder das Gefühl, daß irgend etwas noch zu klären, zu wissen, zu tun sei.

Ich kam zu dem Schluß, daß ich in irgendeiner Form mit sexuellem Mißbrauch in Berührung gekommen sein müßte, eventuell durch mein eigenes Erleben, ganz sicher durch Erfahrungen aus vergangenen Leben, die hochkamen, dem ich aber nicht weiter Aufmerksamkeit schenken wollte. Ich arbeitete über Clearings, in denen viel Erlichtung und Erlösung stattfand, und somit wurde dieses Thema von mir ad acta gelegt.

Wunderbar - nun hatte meine Mutter diese Akten wieder hervorgeholt, das heißt, sie waren noch nicht vollständig abgeschlossen, wie ich gedacht hatte.

Ich wollte ihren Wunsch erfüllen, hatte aber keine Ahnung, wie ich dieses umsetzen könnte. Mit meiner Schwester war es kein Problem, ich erzählte ihr von der Botschaft unserer Mutter. Mit meinem Bruder hatte ich schon seit einiger Zeit keinen Kontakt mehr, und auch ein Gespräch mit meinem Vater konnte ich mir nicht wirklich vorstellen.

So gab ich dieses Anliegen, wie ich es immer mit für mich unvorstellbaren Angelegenheiten mache, an die geistige Welt ab. Ich sage dann: Gut, ich bin bereit, dieses in der dritten Dimension umzusetzen, wenn es der Wunsch meiner Seele ist. Ich bitte die Engel und die Weiße Bruderschaft, mir zu helfen, klar zu sehen, klar zu erkennen, wie ich dieses tun kann.

Und dann lasse ich es los. Manchmal vergeht einige Zeit, in der ich mich nicht sonderlich mit diesem Thema beschäftige und auch keine besonderen Anregungen oder Durchsagen erhalte. So war es auch in diesem Fall, bis ich vor ein paar Wochen einige Male den selben Traum hatte, in dem sich mein Vater von der physischen Welt zu verabschieden begann. Da wußte ich, daß etwas in der Beziehung mit meinem Vater ansteht, daß etwas gereift war, was es nun galt zu ernten.

Ich wurde achtsamer, was diese Thematik betraf, und hatte einen weiteren Traum.

Ein Traum

Träume sind für mich immer schon etwas sehr Wichtiges gewesen. Viele Lösungen habe ich in der Nacht gefunden, und auch viele Erkenntnisse wurden mir über diese Ebene vermittelt. Das ist ein Grund, warum ich sehr gerne schlafe und diese Zeit immer als mein Heiligtum betrachte, in der ich viel bearbeite und lerne.

Ich habe bereits schon in einem anderen Buch (*Die Kinder der Neuen Zeit*, 2001 im Smaragd Verlag erschienen) erzählt, daß meine Tochter Rowena die Vorliebe hegt, sich Hautirritationen zu manifestieren. Immer wieder habe ich mir überlegt, was ich dazu beitragen kann, um dieses zu verändern. Ich weiß, daß auch ich, zwar immer weniger, aber immer noch, ein System bin, das gerne allergisch reagiert, und ich gehe davon aus, daß sie die Affinität - die der Nährboden ist, auf dem sie ihre Erfahrungen aufbaut - von mir übernommen hat.

Eines Abends bat ich die Engel, mir Informationen zu diesem Zusammenspiel zwischen Rowenas Haut und mir zu vermitteln.

In dieser Nacht hatte ich einen sehr intensiven Traum von einem Frauenmörder, den man eingegraben hatte, weil man glaubte, er sei tot. Nun entdeckte ich aber, daß er sein "Grab" zu einem gemütlichen Wohnraum in der Erde umgestaltet hatte: Wunderbar für ihn, denn da jeder dachte, er würde nicht mehr leben, konnte er fröhlich seine Taten begehen, ohne jemals in Verdacht zu geraten. Als er erkannte, daß ich ihm auf die Schliche gekommen war, bedrohte er mich. Rowena war auch bei mir, und ich bekam große Angst um ihr Leben. Voller Panik lief ich herum und versuchte, eine Lösung zu finden.

Dann erwachte ich mit klopfendem Herzen und schweißgebadet.

Nachdem ich mich wieder etwas beruhigt hatte, wollte

ich wissen, was dieser Traum bedeuten würde und bat um Unterstützung aus der geistigen Welt.

Obwohl ich müde in meinem Bett lag, war ich gleichzeitig hellwach und vollkommen klar, als ich folgende Impulse erhielt: Dieser Traum stand in Verbindung mit den Mißbrauchserfahrungen durch meinen Vater. Ich konnte spüren, daß ich ihm in meinen tiefsten Ebenen dafür noch immer Vorwürfe machte und wütend auf ihn war. Ich nahm mein verletztes Inneres Kind wahr, das sich trotzig weigerte, in die Aussöhnung zu gehen. Ich erkannte, daß meine Affinität zu allergischen Reaktionen damit im Zusammenhang stand und daß ein Teil von Rowenas Hautirritationen die Aufgabe hat, mich daran zu erinnern, daß es Zeit ist, die Identifikation mit der alten Geschichte zu lösen. Weiterhin wurde mir bewußt, daß ich immer noch Energien des Schuldigfühlens in mir hielt und mich für diese Erfahrung, die ich gemacht hatte, schämte.

Sofort verband ich mich mit den Engelebenen und bat, meinem Inneren Kind zu helfen, die Bereitschaft zu entwikkeln, das Alte aufzulösen. Auf die Frage, was es dazu brauche, sagte es: Anerkennung.

Dieses Wort löste wieder eine Welle von Erkenntnis aus. Dieser Wunsch nach Anerkennung, nach Bestätigung, förderte in mir eine Energie des Perfektionismus, der geboren worden war aus der Angst, nicht zu genügen oder etwas falsch zu machen bzw. zu versagen. Daraus resultierte eine immer noch vorhandene Unsicherheit bei machtvollen oder autoritären Menschen. Und der Schlüssel zu all diesen Energien war die Sehnsucht meines Inneren Kindes, anerkannt zu werden als das, was es war, und nicht über die persönlichen Grenzen hinweg benutzt zu werden.

Dann schlief ich wieder ein, und als ich mich am nächsten Tag mit diesen Informationen beschäftigte, bekam ich Lust, diese Erfahrung durch ein Buch mit anderen Menschen zu teilen.

Die Reise einer Seele

Bevor die Seele sich entscheidet, auf diese Erde zu kommen, ist sie eins mit der Quelle allen Seins, mit der Liebe. Und sie selbst ist durch und durch Liebe. Sie ist ein Tropfen Liebe im unendlichen Ozean. Nun tauscht sie sich mit anderen Liebestropfen aus, und gemeinsam gebären sie Ideen und entwickeln spannende Abenteuer, die es zu erfahren gilt. Dann geht der Seelenliebestropfen auf die Reise und kommt an einem kosmischen Kaufhaus vorbei: Dort sind alle bisherigen Erfahrungen, die je eine Seele gemacht hat, vorrätig. Hier gibt es alles und noch viel mehr, als du dir vorstellen kannst. Blaugrüne Mäntel, karottenfarbene Hüte, gestreifte Socken, geringelte T-Shirts, blauweiß karierte Unterwäsche, einfach alles. Jedes Kleidungsstück und Accessoire stellt die Erfahrung einer Seele dar, die inkarniert war. Und auch alle Erfahrungen, die noch nicht gemacht wurden, sind dort als Kleidungsstück erhältlich. Denn es handelt sich ja um ein kosmisches Kaufhaus, und deshalb ist das Warenangebot nicht an Zeit und Raum gebunden. Hier arbeiten viele Engel, und auch die Meisterebenen sind hier oft zu Besuch.

Die Seele geht nun durch die unzähligen Etagen und fährt mit den kosmischen Rolltreppen, die gleichzeitig nach oben und nach unten fahren, und sieht sich verschiedene Modelle an. Sie möchte ja passend gekleidet sein, wenn sie auf den Planeten Erde reisen wird. Sie probiert die Hose der Gutmütigkeit, den Mantel der Angst, die Kappe der Freude, mit den Schuhen des Mißbrauchs. Sie probiert das Hemd des Vertrauens und nimmt die Tasche des Zweifels mit sich. Sie probiert viele verschiedene Kombinationen aus. Sie steht sehr lange vor dem Spiegel, und immer wieder wechselt sie etwas aus.

Auch andere Seelen sind hier, um ihre Kleidungsstükke auszuwählen. Gerne unterstützen und beraten sie sich gegenseitig, und auch die Engel und Meister stehen mit Rat und Tat zur Seite. Perfekt. Die Freude ist groß. Endlich paßt alles zusammen, von oben bis unten, und die Seele ist schon voller freudiger Aufregung, diese Kreation auf die Erde mitnehmen zu können, um sie dort zu tragen. Das ist für die Seele wie das Salz in der Suppe. Es ist wie der Text für den Schauspieler, den er braucht, um auf der Bühne stehen zu können. Es ist wunderbar und einzigartig.

Die Seele freut sich. Sie nimmt die Kleider und das Zubehör gleich mit, und schwuppdiwupp wählt sie die direkte Rutschbahn in die Inkarnation auf der Erde. Dort erschrickt sie ein bißchen, aber nur im ersten Moment, denn das Kleid, das sie mitgenommen hat, ist auf einmal viel schwerer, und sie fühlt sich gar nicht mehr so fröhlich. Doch dann erkennt sie, daß das Kleid nicht festgewachsen ist, sondern Knöpfe hat, die sie öffnen kann, Reißverschlüsse und vieles mehr. Somit wird das Tragen wieder luftiger und lokkerer. Und die Freude am Sein kehrt für die Seele zurück. Sie beschließt, sogar die Stiefel auszuziehen und schickt sie per Engelpost ins Kaufhaus zurück. Immer durchlässiger wird ihr Kleid, bis sie sich entschließt, es ganz abzulegen. Sie fühlt sich so frei.

Dann hat sie eine glänzende Idee. Sie zieht ihre Kleider wieder an und beginnt sie zu lieben. Und siehe da, sie verändern sich. Sie beginnen zu strahlen und zu leuchten. Sie werden eins mit der Liebe der Seele. Die Seele ist so begeistert von dieser Erfahrung, daß sie beschließt, diese auch mit anderen zu teilen.

Auch die anderen Seelen beginnen, ihre leichteren und noch schwereren Kleider zu lieben – und auch diese lösen sich alle auf in der Liebe und werden eins mit der Liebe der Seelen. Und so geht seit dieser Zeit über diesen Erdenstern eine Welle der Liebe von Seele zu Seele, und jeder Mensch kann sich an sein Seelesein erinnern, sein Kleid lieben, es eins werden lassen mit der eigenen Seele und eins werden mit der Welle der Liebe der anderen Seelen.

In dieser Geschichte stehen das Kaufhaus und die Kleidungsstücke für unsere emotionale Ebene, für die Erfahrungen, die wir dort aus dieser und aus früheren Inkarnationen gesammelt haben.

Ich bin davon überzeugt, daß es unwichtig ist, welche Erfahrungen wir mit uns tragen. Letztendlich geht es immer wieder darum, die Identifikation mit ihnen zu lösen, damit wir das leben und erleben können, was wir sind: die Quelle allen Seins.

In all den Schulungen, die wir selbst erfahren und die wir auch an andere Menschen weitergeben, wird uns immer mehr bewußt, daß durch die Identifikation mit der Erfahrung der Schmerz entsteht. Durch das Beharren, daß dieses „meine besondere" oder „meine schlimme Erfahrung" war, entsteht Trennung.

Bereits vor einigen Jahren sagte die geistige Welt zu uns, daß wir eigentlich auch gar keine Zeit mehr hätten, uns um jede vergangene Inkarnation zu kümmern, uns mit jeder einzelnen Blockade zu beschäftigen und zu versuchen, diese aufzulösen. Es wäre ein Faß ohne Boden. Wir wären so versunken in unseren alten Erinnerungen, in unserem Schmerz, in unseren Verletzungen, daß wir gar nicht heraustreten könnten, sondern ihn immer nur wiederholen und bestätigen würden. Wir sollten uns viel mehr auf das göttliche Sein, das wir sind, fokussieren, dieses Bewußtsein stärken, und dadurch würde tiefgehende Heilung geschehen.

Ich liebe die Bücher von Barbara Vödisch (Smaragd Verlag) sehr, weil die Botschaften, die sie weitergibt, mir aus dem Herzen und aus der Seele sprechen. In ihnen werden wir auch immer wieder ermuntert, uns auf unser göttliches Sein zu besinnen und uns nicht in den Illusionen der Trennung zu verlieren.

Darum geht es auch bei der Lösung von sexuellem Mißbrauch: Loszulassen von der Identifikation, ihn mit der Liebe des Hohen Selbst zu bestrahlen und alle Beteiligten, damit Heilung und Befreiung auf allen Ebenen stattfinden kann.

Noch bevor ich die Bestätigung des Mißbrauchs durch meine Mutter erhielt, hatte ich bereits mit verschiedenen Therapien ausprobiert, über Gespräche, Körperarbeiten etc. meine Kindheit aufzuarbeiten. Ich denke zwar, daß all dies wichtige Schritte waren, doch die eigentliche Veränderung nahm erst Raum, als ich begann, wirklich Verantwortung für mein Sein und meine Heilung zu übernehmen. Ich konnte noch so tolle Therapeuten aufsuchen, wenn ich mich nicht verändern wollte, hatte es keinen Sinn. Und durch die spirituelle Arbeit kam ich immer mehr in dieses Bewußtsein.

Durch das Fokussieren auf mein göttliches Sein haben sich viele Themen, an denen ich früher schon lange „herumexperimentierte", durch einfache Übungen in Leichtigkeit aufgelöst. Diese Erfahrung wird durch die allgemeine Zeitqualität des Wassermannzeitalters unterstützt. Dennoch hängt die Lösung der Identifikation auch mit dem persönlichen Bewußtsein über die eigenen Selbstheilungskräfte und Fähigkeiten zusammen. Und das ist eine mentale Entscheidung. Ich muß nicht warten, bis ich es *fühle,* daß ich Möglichkeiten zur Veränderung habe, ich kann mich dafür *entscheiden. Das* bedeutet Mitschöpfer sein, *das* ist der Ausdruck von Christus im tätigen Tun, der wir ja alle sind.

Aber das bedarf Achtsamkeit und Gewahrsein.

Auch wenn es sich um „ernste" Themen wie sexuellen Mißbrauch handelt, kann und darf die Lösung der Identifikation spielerisch geschehen. In diesem Buch möchte ich dich mit einigen Übungen vertraut machen, wie die folgende, die ich selbst angewandt habe.

Der emotionale Waschsalon „Ultraweiß“

Mache es dir bequem und entspanne dich auf deine eigene Art und Weise. Verbinde dich tief mit der Erde und mit deinem Hohen Selbst. Dann besuche in deiner inneren Welt einen wunderschönen Garten, in dem du dich sehr wohl fühlst. Mit vielen Bäumen, Vögeln, Blumen. Die Sonne scheint; rieche den Duft, der in der Luft liegt, fühle den zarten Wind auf deiner Haut. Berühre die Erde und genieße dein Sein.

Nun mache dich auf den Weg. Dieser führt dich durch den Garten einen kleinen Hügel hinauf. Schon von weitem kannst du das strahlend weiße Gebäude sehen. Du gehst darauf zu und erkennst die bunten Fenster und die einladende Tür, über der in großen, golden leuchtenden Buchstaben Waschsalon „Ultraweiß“ steht. Du trittst ein und erkennst eine Reihe von großen, modernen Waschmaschinen. Hier herrscht emsiger Betrieb. Dennoch fühlst du dich sicher und geborgen und auch willkommen.

Du findest eine Waschmaschine, die frei ist. Und nun ziehst du das Kleidungsstück deiner Erfahrung aus, die du nun verändern möchtest. Vielleicht ist es die Jacke, die das Gefühl des immer Alleingelassenseins in sich trägt, oder der Schuh mit der Prägung des Nichtwertseins, geliebt zu werden. Wofür auch immer du dich entscheidest, lege es ab, ziehe es aus und gib es in die Waschmaschine hinein. Gib auch alle Verbindungen zu anderen Kleidungsstücken oder Ebenen in deinem System mit hinein.

Nun kannst du das Waschmittel wählen, zum Beispiel rosafarbene Megaperls der Liebe, gelbe der Freude, mit oder ohne Weichspüler, wie du es möchtest. Du kannst auch Engelebenen bitten, hier noch einen Schuß Raphael-Heilung oder Uriel-Transformation mit beizugeben.

Dann stellst du das für dich richtige Programm ein. Tiefenreinigung, Schonwaschgang, mit oder ohne Vorwäsche, so, wie du es möchtest. Und dann drückst du den Startknopf mit der zielgerichteten Absicht, die Erfahrung aus deinem Kleidungsstück und aus allen anderen Ebenen deines Seins vollständig zu transformieren und die Energie der gewählten Megaperls (Liebe, Freude etc.) Raum nehmen zu lassen.

Nun kannst du dich entspannen. Ein Buch lesen, eine Massage genießen oder einfach zusehen, wie sich die Waschmaschinentrommel dreht und dreht – bis sie innehält und fertig ist. Du nimmst dein Kleidungsstück heraus, betrachtest es, erkennst die Leichtigkeit, die Liebe, die Freude etc., die es nun ausstrahlt, und du riechst den Duft der Veränderung. Nun gib es noch schnell in den flinken Wäschetrockner. Es dauert nicht lange, und du kannst dein frisch gewaschenes Kleidungsstück wieder anziehen. Spüre die veränderte Energie und atme sie in jede Zelle und in jede Ebene deines Seins und nimm wahr, wie die Liebe, die Freude überall Raum nimmt und dich vollkommen durchdringt. Fühle dich wie neu geboren!

Nun bedanke dich bei den Energien, die dich unterstützt haben, und verlasse pfeifend oder singend den Waschsalon „Ultraweiß". Gehe deinen Weg entlang in deinen Garten. Freue dich des Lebens. Genieße die Natur und bringe dich dann in deinem Tempo vollständig ins Hier und Jetzt zurück. Schließe deine Chakren auf das für dich jetzt richtige Maß. Freue dich an der Veränderung und wisse, daß sie ist. Amen.

Meditation mit Erzengel Zadkiel

Dieses ist Zadkiel, und ich grüße euch in der Liebe und mit der Kraft der Transformation, die ich bin.

Ich lade euch ein, mit mir zu reisen in den ätherischen Tempel über Cuba, dort wo der Meister St. Germain und das Bewußtsein der violetten Flamme leben. Tretet ein in diesen Tempel und bringt mit eure Inneren Kinder, die der Heilung bedürfen. Tretet ein und nehmt wahr, wie ein Gesang der Freude erklingt und wie ihr umfangen werdet von der liebevollen Präsenz meiner Emanationen. Nehmt wahr, wie ein Engel aus meinen Ebenen auf euch zutritt und euch seine Hand reicht, um euch tiefer hineinzuführen in den Tempel der Transformation. Seht, wie es rund um euch leuchtet und strahlt in sanftem Licht und violettem Ton. Nehmt wahr die Liebe, die euch umfängt, und die Wärme, so daß ihr nun in Leichtigkeit ablegt eure Kleider, die ihr tragt. Denn erkennt: In euren Kleidern hängen die Erinnerungen, auch die Erfahrungen eurer Kindheit; hängt zum Beispiel das Gefühl, abgelehnt worden zu sein, zu wenig geliebt worden zu sein. Nun legt ab diese Energien, indem ihr eure Kleider hinlegt, und übergebt die Kleider dem Engel, der euch begleitet hat. Er nimmt sie euch ab und legt sie hinein in die Schale, die lodert mit großen violetten Flammen in der Mitte des Raumes, in dem ihr seid. Seht die Amethysten, mit denen diese Schale geschmückt ist. Und nun erkennt, daß eure Kleidung aufgelöst wird, eure Erfahrung, in dieser Schale mit dem violetten Feuer.

Nun nimmt euch der Engel wieder bei der Hand, nackt wie ihr seid, und führt euch zu einem Spiegel, der neben der Feuerschale steht, und bittet euch, euch zu betrachten, - ganz genau euer physisches Sein zu betrachten. Er fordert euch auf, euch mit den Augen der Liebe zu betrachten, und die Falten und die kleinen Unebenheiten, die ihr vielleicht wahrnehmt, mit eurer Hand und durch den Satz zu berühren: Ich segne dich und ich nehme dich an, wie du bist! Nehmt wahr, wie sich eure Haut dadurch glättet, zart wird, wie euer physisches Sein zu strahlen beginnt und leicht wird, und euch freudvoll aus dem Spiegel entgegenstrahlt.

Nehmt nun dieses Spiegelbild und atmet es in euer Herz hinein. Nun löst euch von dem Spiegel und steigt hinein in die Schale mit der violetten Flamme. Habt keine Angst, das Feuer der Transformation wird euch nicht verzehren. Nun erlaubt, daß euch die Kraft der Transformation liebend durchfließt, euren physischen Körper, und Erinnerungen aus der zellulären Ebene und aus den Organen herauslöst, die einer Umsetzung des Bildes, das ihr im Herzen tragt, noch im Wege sind. Je mehr ihr diese Energien aus eurem physischen Körper verändert, um so größer wird das Bild in eurem Herzen, bis es sich mit eurem Sein überdeckt. Die Füße des Bildes sind die Füße eures Körpers, ihr verschmelzt mit diesem Bild auf den physischen Ebenen, ihr werdet eins mit diesem Bild.

Nun erlaubt der violetten Flamme, durch euer mentales Sein zu tanzen und auch hier Überzeugungen herauszulösen, die nicht mehr eurem neuen, physischen Bild entsprechen. Löst Gedanken der Begrenzung, des Nicht-Wert- und Nicht-Würdig-Seins heraus und seht, wie die Kraft der Transformation euer mentales Sein berührt und es zu leuchten beginnt in der Energie der Liebe zu euch selbst, in der Bereitschaft, anders über euch selbst zu sprechen, zu denken und zu fühlen. Erlaubt euch, wahrzunehmen, wie leicht euer mentales Sein jetzt ist.

Nun laßt das Licht weiter lodern und erfüllt euren spirituellen Körper damit und nehmt wahr, wie die Engel der Transformation in eurem spirituellen Körper arbeiten und über euer spirituelles Sein die Verbindung zu eurem Hohen Selbst und eurem Quellen-Selbst stärken, zu eurer Herkunft, zu eurem göttlichen Sein, damit es euch leichter fällt, euch als göttliches Sein, als unendliche Liebe im Hier und Jetzt der dritten Dimension zu erleben und zu erfahren. Ihr seid göttliches Sein, unendliche Liebe. Laßt euch ganz voll machen und strahlt aus eurem spirituellen Körper das Bewußtsein der unendlichen Liebe, die ihr seid, und erfüllt euer mentales Sein und euer physisches Sein. Und verankert dieses unendliche-Liebe-Sein in jeder Zelle eures physischen Seins, damit ihr euch im Alltag daran erinnert.

Nun nehmt wahr, wie die Emanationen des Zadkiels euch ein lichtes, leichtes, freudvolles, neues Kleid der Erfahrung gewebt haben und es euch überziehen in Liebe und Anmut. Spürt hinein und nehmt wahr die Liebe der Eltern, das Gefühl des Gefördertwerdens, wie es eurem Wunsch entsprach. Nehmt die Freude über eure bevorstehende Inkarnation und über euer Dasein wahr, wie ihr geliebt, getragen, genährt werdet, und nun sendet dieses Bewußtsein aus in alle Ebenen eures physischen, eures mentalen und eures spirituellen Körpers, und die Engelebenen verbinden nun dieses neue Bewußtsein aus eurem emotionalen Körper mit der Ebene eures Hohen Selbst und eures Quellen-Selbst, auf daß es einfließen kann in alle Formen, die ihr jemals gewesen seid, sein werdet und immer noch seid.

In diesem Bewußtsein bitten wir euch nun, den Menschen, mit denen ihr verbunden seid, egal ob dieses in Schmerz oder Freude ist, einen Strahl der Transformation aus der Gesamtheit, die ihr jetzt seid, zu senden, und zwar in ihre Thymusdrüsen, mit dem Bewußtsein, dem Satz:

Ich segne dich für dein Sein,
ich danke dir für die Erfahrungen,
die wir gemeinsam gestalteten.
Ich schenke dir die Kraft der Erkenntnis
über die liebevolle Präsenz der Transformation
und bitte, daß wir in Frieden und Liebe
jeder für sich seinen Weg nach Hause gehen kann
Amen.

Dabei nehmt wahr, wie eine Funke des violetten Lichts im Thymus geankert wird und dort verbleibt, auch wenn ihr euch mit eurer Aufmerksam-

keit wieder in der violetten Schale findet. Nehmt nun wahr, wie der Engel eure Hand nimmt, atmet tief ein, bevor ihr diese Schale wieder verlaßt im Bewußtsein, das göttliche Sein zu sein, das ihr seid. Laßt euch von dem Engel zurückgeleiten durch den Tempel. Erkennt die Emanationen des Zadkiels, die euch immer noch begleiten. Nun bedankt euch bei euch selbst für die Bereitschaft der Veränderung, bedankt euch bei den Engelkräften der Transformation und reist dann zurück aus dem Tempel der violetten Flamme und kehrt vollständig ins Hier und Jetzt zurück.

Nehmt wahr, wie eure Auren noch wunderbar leuchten von der Kraft der Transformation, wie diese nachwirkt, und erlaubt euch, auch im Hier und Jetzt nachzuspüren der Schönheit eures physischen Seins, dem Glücksgefühl eures emotionalen Seins, der Bereitschaft, nun holistischer und weiter zu denken, eures Mentalfeldes und eures alles durchdringenden Lichts eures spirituellen Körpers, der die Energien lenkt, damit ihr erkennt, daß ihr Einheit seid.

Nun segne ich euch in der Kraft des ICH BIN.

Ich bin Zadkiel und hülle euch ein in die liebevolle Kraft der Transformation.

Elohim Sabbaot Amen.

Begegnung mit dem Inneren Kind

Nun habe ich schon so viel davon erzählt, und es wird Zeit, unser Inneres Kind näher kennenzulernen.

Dieses ist Maria von Nazareth, und ich bin verbunden mit der Kraft des essenitischen Volks, ich bin verbunden mit der Kraft und der Weisheit des Meisters Jesus. Erkennt, daß ich euch nun den blauen Mantel des Geborgenseins um eure Schultern lege und euch bitte, eure Herzen weit zu öffnen. Empfangt die Botschaft der Liebe.

Und ich lade euch ein, nun eure Inneren Kinder zu befreien. Öffnet eine Tür in eurem Herzen und erkennt die lange Treppe dahinter, die hineinführt in einen dunklen Raum. Habt keine Angst, habt den Mut, hindurchzugehen, und habt den Mut, nun den Weg mit dem Licht eures Herzens, dem Licht der Liebe, die ihr seid, zu erfüllen und zu erleuchten. Habt den Mut und tretet ein, geht den Weg und erkennt, daß er euch in einen Raum führt. Auch dort ist es dunkel, und auch dort dringt das Licht eures Herzens ein und läßt strahlen die Liebe darin. Auch dieser Raum wird nun durch euer Sein erhellt. Und nun seht euch um. Wo ist das Kind, das in diesem Raume so lange wohnte? In welcher Ecke findet ihr es? An welche Mauer lehnt es sich? Steht es, sitzt es, liegt es? Wie sieht es aus, ist es gepflegt oder nicht, hat es Angst vor euch oder freut es sich, daß ihr hier seid, um es endlich zu befreien? Vielleicht sind noch Fesseln an seinem Körper? Betrachtet das Kind und beginnt, es mit der Liebe eures Herzens zu bestrah-

len, beginnt, es zu durchlichten und seht die Veränderung, die stattfindet. Seht, daß durch dieses Licht eventuelle Narben und Verletzungen des Kindes heilen. Seht, daß die emotionale Ebene des Kindes in Harmonie, Gelassenheit und Frieden kommt. Erkennt, daß viele Emanationen von Michael anwesend sind und die Kräfte nun einfließen in diesen Raum, in das Kind, und auch in euch, und daß sich Einverstandensein ausbreitet.

Nun geht auf das Kind zu und öffnet eure Arme, um es zu umarmen. Nehmt es an euer Herz und wiegt es in euren Armen, schenkt ihm Geborgenheit, schenkt ihm Vertrauen, schenkt ihm Liebe. Und erkennt, wie das Kind das genießt, und erkennt, daß sich auch sein Herz nun öffnet und fließen kann heraus all der Schmerz, all die Trauer, all die Einsamkeit und das Nichtverstandensein. All das und noch viel mehr fließt heraus in die liebende Anwesenheit der Engel von Michael, die ihre Hände geöffnet halten, um dieses entgegenzunehmen.

Nun, da das Herz des Kindes leicht und heil ist, erkennt das göttliche Leuchten darin und nehmt wahr, wie die Liebe daraus zu fließen beginnt und nun das Kind durchdringt, es eins wird mit dieser Kraft und diese dann überfließt und auch euch berührt und durchdringt und auch den Raum, in dem es bisher gelebt hat. Haltet inne und atmet diesen Augenblick des Friedens und der Harmonie in euer gesamtes System, und auch das Kind atmet dieses ein. Und ein Kreislauf des Friedens entsteht durch das Ausatmen und ein Sichmitteilen dieser Energie. Friede nimmt Raum in eurem Sein, Friede fließt über in das Kind. Friede nimmt Raum im Kind, und Friede fließt über das Kind in euer Sein. Der Kreis ist geschlossen.

Nun nehmt das Kind bei der Hand und führt es hinaus aus diesem Raum, die Treppe hinauf in euer Herz. Und in eurem Herzen nehmt euch nun ein bißchen Zeit, um miteinander zu kommunizieren, um euch auszutauschen, um Freundschaft zu schließen. Die Engel von Michael unterstützen euch in der Kraft der Kommunikation, in der Fähigkeit der Kommunikation.

Was möchte euer Inneres Kind gerne tun? Wie möchte es mit euch die Zeit verbringen? Hört zu. Nach seinen Worten umarmt es noch einmal und nehmt wahr, wie ihr eins seid mit seinem Sein. Und erlaubt euch, den freudigen Jubel der Engel über diese Erkenntnis zu spüren. Atmet diese Freude in euer System ein und strahlt es in jede Ebene eures Seins aus. Bleibt in dieser Verbundenheit, bleibt in dieser Freude, auch wenn ihr nun diesen Raum des Herzens verlaßt und euch dem Alltag zuwendet. Seid euch der Einheit mit eurem Inneren Kind gewahr, seid euch der Freiheit eures Inneren Kindes gewahr.

Elohim Sabbaot Amen.

Dieses ist Maria von Nazareth, und ich entsende euch über die Emanationen des Michael den Segen der Mutter, die ich bin, und beauftrage diese Engelkräfte, euch nun durch diesen Tag zu begleiten und euch zu durchdringen, um euch zu nähren und zu lieben, wie es unser Meister Jesus uns lehrte. Seid geliebt und umfangen von der Kraft des blauen Himmels, der sich als Friedenszelt um diesen Erdenstern spannt und wölbt. Und habt teil an diesem Frieden in der Einheit und der Verbundenheit, die ihr mit eurem Inneren Kind erfahren habt.

Seid gesegnet.

Ich bin Vater, ich bin Mutter, ich bin Kind

Jeder von uns trägt in sich die Ebene des Inneren Kindes, genauso wie den Aspekt des Inneren Vaters und den der Inneren Mutter.

Im Zusammenhang mit unseren irdischen Eltern (= Eltern im Außen) geht es auch hier um die Lösung von Erwartungen, Versprechen, Sehnsüchten etc., sowohl von den Kindern zu den Eltern als auch von den Eltern zu den Kindern. Khalil Gibran, ein bekannter Schriftsteller, sagte einmal, daß die Kinder nicht den Eltern gehören würden. Ich möchte dieses erweitern, ich glaube auch nicht, daß die Eltern den Kindern gehören. Jeder hat das Recht, frei zu sein.

Viele Verletzungen finden statt, weil wir bestimmte Vorstellungen haben, wie sich die Eltern uns gegenüber verhalten sollten und ebenso umgekehrt. Ein Kind erwartet, daß es von seinen Eltern geliebt wird, daß es von ihnen unterstützt und verstanden wird. Eltern erwarten von ihren Kindern, daß sie sich um sie kümmern, wenn sie alt sind.

Alle diese Vorstellungen ergeben eine Erwartungshaltung und daraus entsteht Abhängigkeit, denn wehe, der andere, hier in diesem Falle die Eltern oder die Kinder, entsprechen dieser Haltung nicht. Dann fühlen wir uns verletzt oder sind wütend.

Unser Vater- und Mutterbild ist hierarchisch geprägt. Wir stellen diese beiden Wesen über uns, und deshalb projizieren wir auch alles, wonach wir uns sehnen, auf sie, in der Hoffnung, sie mögen dieses erfüllen. Wenn die Eltern unsere Sehnsüchte und Wünsche nicht stillen konnten, geben wir den Auftrag zur Erfüllung unserer Bedürfnisse an unsere Partner und andere Menschen weiter. Falls das immer noch nicht ausreicht, um diese Sehnsucht zu stillen, schieben wir einfach die Verantwortung wieder von uns, indem wir sie unseren Eltern geben und uns einreden, alle unsere Probleme kämen nur deshalb, weil unsere Eltern uns das Gefühl gegeben hätten, uns nicht zu lieben.

Auch Gott, als Ausdruck von Vater-Mutter in einem spirituellen Kontext, erlebten wir oft als außerhalb von uns. Ich kann mich noch gut an die Zeit erinnern, als ich in der Volksschule war und mir vorstellte, Gott sei ein ältere Mann mit weißem Bart und langem Kleid. Er wohnte in den Wolken und sah von oben herab den Menschen zu. In einer Phase meiner Kindheit hatte ich sehr viel Probleme mit der Frage: Kann Gott mich denn überhaupt hören, wenn er da oben ist und so viele Menschen gleichzeitig etwas von ihm wollen?

Das Bild vom göttlichen Sein, das außerhalb von uns existiert, schafft genauso Abhängigkeit und Erwartungen wie der Glaube, daß unsere Eltern für unser Glücklichsein verantwortlich sind.

Die geistige Welt lehrt uns immer wieder, daß jegliche Erwartungen dem Ego entspringen, nicht dem göttlichen Sein.

Unsere Eltern, unsere Kinder, alle Menschen sind Teil der einen göttlichen Quelle, von Vater-Mutter-Gott. Wir sind alle göttliches Sein. Wir sind alle vollkommen auf unsere eigene Art und Weise und wir spielen alle das gleiche Spiel hier auf diesem Erdenstern. Es gibt also keinen Unterschied. Wir sind alle gleich(berechtigt). Wir sind einfach Geschwister.

Dieses Bild schafft für mich eine Leichtigkeit im Bezug auf den Mißbrauch in meiner Familie. Ich erlebe mich und meinen Vater, der auf der Seelenebene mein Bruder ist, als auf der gleichen Stufe stehend. Das bedeutet, ich muß mich nicht ohnmächtig ihm gegenüber fühlen, weil er nicht als Autorität, als Machtüber-Energie, über mir steht. Er steht neben mir, und dadurch kann ich viel leichter Nein sagen. So sind wir einfach zwei Kinder, die ein Spiel gespielt haben. Jetzt habe ich keine Lust mehr, dieses Spiel weiterzuspielen. Ich suche mir ein anderes. Auch brauche ich mich nicht länger für ihn verantwortlich fühlen, und auch mein Inneres Kind muß sich nicht mehr mißbraucht fühlen und seine Lebendigkeit abgeben.

Um die Verantwortung für mein Leben zu übernehmen, darf ich anerkennen, daß ich für mein Inneres Kind auch den Inneren Vater und die Innere Mutter in mir trage. Genauso wie ich Vater-Mutter-Gott in mir finde, weil auch das göttliche Sein ein Teil von mir ist. So wie ich über die Vereinigung des Inneren Mannes mit der Inneren Frau, Frieden in den Partnerschaften im Außen Raum nehmen lassen kann, kann ich dem Inneren Kind über die Verbindung zum Inneren Vater und der Inneren Mutter Heilung geben. Ich werde frei von der Abhängigkeit, im Außen geliebt werden zu müssen, um glücklich sein zu können. Ich kann beginnen, mich selbst zu lieben.

Die nächste Übung ist in zwei Teile aufgebaut. Der erste Teil hilft dir beim Einverstandensein mit den Menschen, die deine Eltern sind, so wie sie sind. Im zweiten Teil nimmst du Kontakt auf mit deinem Inneren Vater und deiner Inneren Mutter und löst dich von den Erwartungen im Außen und erkennst, daß alle deine Wünsche im Inneren bereits erfüllt sind.

Anerkennung der Andersartigkeit

Du kannst diese Übung mit deinen Eltern machen, selbst wenn sie ihren physischen Körper schon verlassen haben, oder auch mit anderen Menschen, zum Beispiel den Großeltern, wenn du bei ihnen aufgewachsen bist.

Mache es dir bequem. Entspanne dich. Verbinde dich fest mit der Erde, erlaube, daß du deine Wurzeln weit und kräftig in die Erde wachsen läßt. Dann verbinde dich mit deinem Hohen Selbst und laß das Licht und die Liebe deines Hohen Selbst dein gesamtes Sein erfüllen und auch durch deine Wurzeln in die Erde fließen.

Nun bitte deinen Schutzengel an deine Seite, um dich zu begleiten und die Energien so zu lenken, daß sie zum Wohle aller Beteiligten sind. Bitte nun dein Hohes Selbst und deinen Schutzengel, dich mit dem Tempel von An, dem Tempel der Goldenen Flamme, zu verbinden. Nimm wahr, wie über dein Hohes Selbst das Goldene Licht der Anerkennung von allem, was ist, in dein gesamtes Sein einströmt und über dich in die Erde fließt.

Nun visualisiere vor deinem Inneren Auge die Wesenheit deines Vaters. Erlaube nun, daß das Goldene Licht von An aus dir überfließt, zu deinem Vater strömt und ihn umhüllt und durchdringt.

Nach einiger Zeit wirst du erkennen, daß das Goldene Licht von deinem Vater zu dir zurückfließt und so ein Kreis des Fließens entsteht. Atme und mache dich voll damit, genieße das Goldene Licht des Einverstandenseins, atme es zu deinem Vater aus und atme es von deinem Vater kommend wieder ein.

Nun erlaube dir wahrzunehmen, ob dir vielleicht Wesenszüge von deinem Vater in den Sinn kommen, die dir nicht sympathisch waren, die dich verletzten, dich wütend gemacht haben oder ähnliches. Atme diese Energien nun auf einer Welle von Goldenem Licht in dein Herz und nimm wahr, wie sie dort durchdrungen werden und eins werden mit dem Licht und der Liebe deines Hohen Selbst, und wie sich diese Energien in reines Licht verwandeln.

Wie eine Welle des Lichts breiten sich diese transformierten Energien in deinem Sein aus. Dadurch findet auf allen Ebenen eine Anerkennung der Energie statt. Du hast aufgehört, gegen sie zu kämpfen, du hast sie in deine Liebe, dein Herz genommen, und sie konnte sich verändern. Die Welle dieser Energie fließt auch wieder über dein Sein mit dem Goldenen Licht von An zu deinem Vater zurück. Wiederhole dieses, bis dir kein Wesenszug mehr einfällt, den du umwandeln könntest. Genieße das Einverstandensein mit der Wesenheit deines Vaters und auch die Anerkennung deiner Andersartigkeit durch deinen Vater. Dann bedanke dich bei deinem Vater und entlasse ihn aus deiner Inneren Welt. Löse den Fluß der Energien, indem du das Goldene Licht wieder zu dir atmest und nicht mehr zu deinem Vater fluten läßt.

Wenn du weißt oder siehst, daß er sich vollständig aus deinem System gelöst hat, dann rufe deine Mutter herein und stelle sie dir mit deinem geistigen Auge vor. Nun wiederhole das Fluten des Goldenen Lichts und das Annehmen ihrer Wesenszüge, wie du es mit deinem Vater getan hast. Abschließend bedanke dich auch bei ihr und verabschiede sie aus deinem Sein.

Bevor du das Goldene Licht von An wieder aus deinem System entläßt, spüre noch einmal der Veränderung in deinen Körpern und in deinen Chakren nach. Spürst du, daß nun mehr Gelassenheit, Frieden, Einverstandensein und Anerkennung mit deinen Eltern Raum genommen haben? Dann bedanke dich beim Goldenen Licht von An und bitte dein Hohes Selbst und deinen Schutzengel, diese Energie wieder aus deinem System zu entlassen. Nun bedanke dich bei deinem Schutzengel, auch bei dir selbst, und lobe dich für deine Bereitschaft der Annahme.

Jetzt komme in deinem Tempo vollständig in deinen physischen Körper, ins Hier und Jetzt, zurück. Erde dich gut, zentriere dich gut und schließe deine Chakren auf das jetzt für dich angenehme und richtige Maß.

Begegnung mit dem Inneren Vater und der Inneren Mutter

Entspanne dich auf deine eigene Art und Weise, verbinde dich mit dem solaren Kern, dem Erdmittelpunkt der Erde, und atme die Energie des Vertrauens in dein Sein und fülle dich damit. Verbinde dich mit deinem Hohen Selbst und atme diese Energie in jeden Körper, in jedes Chakra, in jede Zelle deines Seins.

Nun gehe mit deiner Aufmerksamkeit zu deinem Herzen, spüre, wie es weit und offen ist und erlaube, daß das Licht und die Liebe deines Herzens ausstrahlen in dein gesamtes System, tief in die Erde und weit in den Kosmos. Jetzt erschaffe dir bitte in deiner Inneren Welt einen gemütlichen Raum, statte ihn aus, so wie es dir gefällt. Welche Möbel brauchst du, welche Farben sind dort präsent, welche Bilder möchtest du aufhängen, wonach duftet es, wie viele Fenster hat dein Raum, und was siehst du, wenn du aus dem Fenster blickst? Möchtest du vielleicht Blumen aufstellen oder einige Kerzen anzünden? Sieh dich um, und wenn du zufrieden bist mit deinem Inneren Raum, dann freue dich über ihn.

Bitte jetzt dein Inneres Kind in diesen Raum. Nimm wahr, wie es sich freut, daß du ihm Zeit widmest, wie es deinen Raum aufmerksam betrachtet, und vielleicht möchte es noch etwas verändern – dann erlaube es ihm. Dein Inneres Kind macht es sich bequem.

Nun bitte deinen Inneren Vater zu euch in diesen Raum. Wie sieht er aus? Wie begegnen sich dein Kind und sein Vater? Erlaube, daß sich dein Innerer Vater umsieht und sich dann auch einen Platz in diesem Raum wählt, an dem er sich wohlfühlt.

Jetzt bitte deine Innere Mutter zu euch in den Raum. Wie sieht sie aus? Wie begrüßt sie dein Kind und deinen Vater? Und auch deine Mutter sucht sich ihren Platz in deinem Raum.

Nun ist Zeit für Gespräch und Austausch. Was möchten sich dein Inneres Kind, deine Innere Mutter und dein Innerer Vater mitteilen? Was brauchen sie, um miteinander kommunizieren zu können, um in Zukunft auch miteinander verbunden zu sein?

In der Zwischenzeit sind viele Engel in den Raum gekommen: der Engel der Kommunikation, der Engel der Liebe, der Engel der Heilung, der Engel des Vertrauens, der Engel der Freude, der Engel der Transformation - um hier nur einige zu nennen. Die Engel stellen nun ihre Energien deinem Inneren Kind, deinem Inneren Vater und deiner Inneren Mutter zur Verfügung. Wo brauchen sie noch Heilung, damit sie sich in Leichtigkeit und Liebe verbinden können? Welche Energien brauchen sie, damit sie sich wohl und glücklich fühlen auf allen Ebenen ihres Seins? Die Engel bestrahlen sie mit all den Kräften, die ihnen nun gut tun, damit sie zur Annahme der Andersartigkeit bereit sind. Sieh, wie sich deine Innere Familie verändert, wie sie lichter und leichter wird, wie der Umgang sich verändert, und vielleicht ändern dein Inneres Kind, dein Innerer Vater oder deine Innere Mutter auch ihr Aussehen. Erlaube, daß nun Heilung geschieht. Unaufhörlich fließt die Energie der Engel.

Und nun erlaube dir wahrzunehmen, daß Vater, Mutter und Kind sich erheben und auf einander zugehen und sich bei den Händen fassen. Sie bilden einen Kreis. Und die Engel nehmen sie in ihre Mitte und schließen um sie herum ebenso einen Kreis aus Licht. Das Licht und die Liebe der Engel fließen hinein in den Kreis von Vater, Mutter und Kind, durchdringen sie, und sie werden eins mit den Energien der Engel. Und Einssein fließt auch zwischen deinem

Inneren Kind, deinem Inneren Vater und deiner Inneren Mutter. Genieße es und atme diese Einheit in alle Zellen und Ebenen deines Seins.

In der Kraft dieser Liebe und des Lichts, das deine Innere Familie nun ist, erlaube dir, den Engeln alle Erwartungen, Versprechen, Sehnsüchte, Hoffnungen, Enttäuschungen und alles, das dir sonst noch einfällt und das dich an deine äußeren Eltern bindet, in die Hände zu legen. Atme diese Energien jetzt durch die Kraft der Einheit, die du bist, aus allen Ebenen deines Seins und sieh, wie sie empfangen werden, voller Liebe, voller Leichtigkeit. Die Engel transformieren diese Energien und bringen sie zu ihrem Ursprung zurück, damit Freiheit Raum nimmt in deinen Eltern im Außen und in deiner Inneren Familie.

Nun sind dein Inneres Kind, dein Innerer Vater und deine Innere Mutter bereit, die Verantwortung für dein gesamtes Sein und für diese Inkarnation zu übernehmen. Sieh, wie alle drei Wesenheiten dieses mit Freude bejahen.

Nun beauftrage die Engel, die Ebenen deines Inneren Kinder, deines Inneren Vaters und deiner Inneren Mutter zu durchfließen und sie zu befreien von Erwartungen, von Ansprüchen, die von außen kommen und von ihnen angenommen wurden. Auch diese Energien nehmen die Engel liebevoll in ihre Hände und transformieren sie, um auch sie dem Ursprung zurückzugeben.

Spüre, wie mehr und mehr Leichtigkeit und Freiheit in deinem gesamten System Raum nehmen. Atme und genieße. Erkenne, daß die Engel nun verbunden sind mit dem Tempel der Freiheit über Südfrankreich, dem Tempel von Lady Rowena, und den Engel-Emanationen von Haniel, und nimm wahr, wie das rosafarbene Licht der Freiheit und der Liebe von dort einströmt und über die Engel deiner Inneren Familie zur Verfügung gestellt wird. Und aus deiner Inneren Familie strahlt dieses Licht aus in dein gesamtes Sein. Freiheit und Liebe nehmen in allen Chakren, in allen Körpern, in allen Ebenen Raum. Und dieses Licht fließt über in die Erde und strahlt aus in den Kosmos. Es fließt aus deinem Herzen zu allen Menschen, mit denen du verbunden bist und warst, und schließt den gesamten Erdenstern Gaia ein. Es strahlt in die Erdgitternetze und in das morphogenetische Feld.

Freiheit und Liebe in jede Form von Beziehungen nehmen Raum auf dieser Erde. Atme und erlaube, dieses Bewußtsein in jeder Zelle deines Seins zu verankern. Freiheit und Liebe.

Nun kehre mit deiner Aufmerksamkeit zurück in deinen Raum. Bedanke dich bei den Engeln und bei dem rosafarbenen Strahl der Freiheit und der Liebe und entlasse sie wieder aus deinem Sein. Sieh, wie dein Inneres Kind immer noch liebevoll verbunden ist mit deinem Inneren Vater und deiner Inneren Mutter. Nimm wahr, wie sie sich freuen und atme nun die Einheit, die sie sind, in dein Herz. Erlaube, daß sie dort verschmelzen mit der Liebe, die du bist, und als Welle der Einheit durch dein System fließen, und sich diese Energie in jeder Zelle deines Seins verankert. Atme und nimm die Veränderung wahr, die nun in dir Raum genommen hat. Spüre die Freiheit, spüre die Liebe, die nun in dir ist. Erkenne, daß dein Inneres Kind heil ist, genauso wie dein Innerer Vater und deine Innere Mutter, und daß du dieses Bewußtsein nun in jede Faser deines Seins hineingegeben hast. Bedanke dich nun bei dir selbst, bedanke dich bei deinem Inneren Kind, bei deinem Inneren Vater und bei deiner Inneren Mutter für die Bereitschaft, Einheit zu sein. Atme und genieße.

Nun kehre vollkommen ins Hier und Jetzt zurück, atme dich in deinen physischen Körper, atme dich in die Verbindung zur Erde. Nimm wahr, wie sie dich trägt, wie sie dich nährt, wie sie dich liebt. Erde dich, zentriere alle deine Köper jetzt und schließe deine Chakren auf das für dich im Moment angenehme Maß.

Diese Übung kannst du auch machen, wenn sich im Alltag dein Inneres Kind wieder einmal verletzt fühlt. Gehe in deinen Inneren Raum, lade deine Innere Familie ein und erlaube, daß das Kind in der Einheit mit Vater und Mutter heil wird und strahle dieses in alle Ebenen deines Seins aus und schließe die Übung wie üblich ab.

Hilarion über die Triade Vater-Mutter-Kind

Dieses ist Hilarion. Segen und Willkommen!

Erlaubt, geliebte Erdensternenkinder, daß ich hier Raum nehme, in Anbindung an die Engelebenen von Raphael, und daß wir gemeinsam nun so etwas wie einen Vortrag über das Wesen des Inneren Kindes halten möchten. Denn erkennt: Das Innere Kind ist ein Schlüssel für jeden von euch, der hier ist, denn es ist wichtig, daß ihr erkennt, daß die Energien über die Ebene des Inneren Kindes gelenkt werden.

Ihr wißt, daß euer Inneres Kind ein Teil des emotionalen Seins ist. Ihr wißt, daß es euer emotionales Sein ist, das euch in einer Situation die nötigen Erfahrungsspeicher öffnet, euch damit verbindet, und ihr somit Erfahrungswerte in euch nutzen könnt. Deshalb ist es hier von Wichtigkeit, mit dieser Ebene zu arbeiten, denn ihr könnt bestimmen, welche Erfahrungsbänke in eurem System sind und somit auch, welche Erfahrungsbänke emotionales Sein öffnen kann. Denn emotionales Sein ist ein Speicher, der nicht wertet, und deshalb ist es wichtig, daß ihr dieses bezeichnen könnt, wie bei einem Computer: Ihr bestimmt, welches System und welche Programme ihr auf die Festplatte nehmt, welche Programme ihr braucht, wenn ihr mit eurem Computer arbeitet. Genau so könnt ihr hier mit der Ebene eures emotionalen Seins verfahren.

Und nun ist es von Wichtigkeit, daß wir näher auf eine Ebene, die wir das Innere Kind bezeichnen möchten, eingehen.

Das Innere Kind ist zum einen der Erfahrungswert dieser Inkarnation, was ihr erfahren habt, erlebt habt als Kind in eurer Entwicklung, in eurem Umfeld, in eurer Sozialisation. Das Innere Kind ist aber auch eine übergeordnete Energie, die sich zusammensetzt aus den Energien früherer Inkarnationen. Das heißt, wenn ihr in vielen Inkarnationen den Fokus auf den Mangel gelegt habt, zum Beispiel über Entbehrungen oder Entsagungen, ist dieses als Grundenergie in eurem Inneren Kind gespeichert, das heißt: die Grundausrichtung eures Inneren Kindes ist das Gefühl, nicht genug zu bekommen. Dieses wird dann noch verstärkt geprägt durch die jetzige Inkarnation, durch das jetzige Umfeld, durch die jetzige Sozialisation. Dieses trifft auf viele eurer Inneren Kinder zu - dieses Gefühl des Mangels, weil dieses auch zu dem Spiel der Trennung gehörte, das wir Fischezeitalter nennen.

Erkennt, daß nun wichtig ist, diese Grundausrichtung des Mangels in der Ebene eures Inneren Kindes zu verändern, weil sie, erlaubt mir diese Bezeichnung, nicht mehr zeitgemäß ist, weil es hier nun um das Gebot des Neuen Zeitalters geht. Dieses Gebot heißt Leichtigkeit, Freude, Frieden und Fülle. Deshalb lenken wir nun den Augenmerk auch auf diese Ebene des Inneren Kindes, um hier Heilung einzubringen, um hier Heilsein einzubringen, damit ihr diesen Wechsel von der Mangelenergie in den Aspekt der Fülle vollziehen könnt. Deshalb ist es hier von Wichtigkeit, sich dieser Ebene zuzuwenden und in einer Art und Weise des liebevollen Seins, des liebevollen Umgehens. Und auch hier, wie schon an anderer Stelle gesagt, ist es wichtig, daß ihr dieses Innere Kind wirklich als Kind betrachtet, das heißt, so wie ihr im Außen mit einem Kind umgehen würdet, solltet ihr auch mit der Ebene eures Inneren Kindes umgehen. Das heißt, genauso wie ihr ein Kind im Außen nährt, es in den Arm nehmt, genauso wie ihr es tröstet, genauso wie ihr ihm Liebe sendet – genauso tut dieses bitte auch mit eurem Inneren Kind.

Nehmt euer Inneres Kind in den Arm, tröstet euer Inneres Kind. Dadurch wächst Vertrauen. Dadurch wächst Vertrauen in euren Kindern, dadurch wächst auch Vertrauen in eurem Inneren Kind. Dadurch findet Öffnung statt, und dadurch kann Veränderung Raum nehmen. Wenn ihr nur schimpft auf euer Inneres Kind, kann nicht wirklich Evolution geschehen. Wenn ihr bewertet und kritisiert, euch selbst und auch die Ebene eures Inneren Kindes, kann Veränderung nicht stattfinden. Die Verengung wird zunehmen, nicht die Erweiterung, nicht die Liebe, und deshalb ist es wichtig, wie ich sagte, daß ihr hier in Liebe eurem Inneren Kind begegnet, in Fürsorge, in der Kraft des Annehmens.

Erkennt, daß ihr nun aufgerufen seid, beides zu sein: sowohl Inneres Kind als auch Vater-Mutter-Aspekt. Und wenn wir von Vater-Mutter-Aspekt sprechen, meinen wir das als Ausdruck der Quelle, als Ausdruck des göttlichen Prinzips.

Nicht als Ausdruck von Vater und Mutter, wie ihr dieses vielleicht selbst erfahren habt, da diese Wesenheiten selbst auf Grund ihrer Geschichte in einer Energie des Mangels waren und euch deshalb nicht aus der Energie der Liebe, sondern aus der Energie des Mangels zugetan waren, und dadurch letztendlich nicht wirklich Liebe in euch Raum nahm, sondern Mangel.

Liebe kann nur dort gedeihen, wo Fülle ist. Wenn du im Mangel bist, dann hast du keinen Ausdruck der Liebe, sondern einen Ausdruck der Abhängigkeit. Und dieses ist in vielen Beziehungen so.

Jetzt möchten wir eingehen auf die Wichtigkeit der Triade die entsteht aus kosmischem Vater, kosmischer Mutter und Innerem Kind. Das kosmische Prinzip von Vater und Mutter ist die Energie der Liebe, ist die Energie der männlichen und weiblichen Kraft in euch, die eins ist mit dem Leuchten und dem Bewußtsein eures Hohen Selbst. Erkennt, wie wichtig es deshalb ist, daß ihr bewußt seid, wenn ihr hier diese drei Ebenen in einer Meditation einladet. Daß ihr dann die Ebene des Vaters und die Ebene der Mutter durchfluten laßt mit der Präsenz eures Hohen Selbst, damit sie eins sind, eins sind mit dem Hohen Selbst, und dann beide das Licht eures Hohen Selbst in die Ebene eures Inneren Kindes ausstrahlen können. Dadurch findet Heilung statt.

Erkennt, daß es hier auch von Wichtigkeit ist, mit der Kraft des Annehmens zu arbeiten, damit ihr euer Inneres Kind auch fragt, ob es bereit ist, dieses Licht, diese Liebe, anzunehmen. Und manches Mal ist es so (wie bei emotionalen Körpern, wenn ihr mit ihnen zu arbeiten beginnt), daß das Innere Kind trotzig ist, in einer Ecke steht und euch nicht einmal das Gesicht zuwendet, weil es sich vernachlässigt fühlt, weil es sich gekränkt fühlt. Das heißt, es ist wichtig, daß ihr zuerst liebevoll zu diesem Kind sprecht, es liebevoll aus der Ecke hereinnehmt in die Mitte des Raumes, wo auch die Präsenz von Vater/Mutter Raum nimmt, so daß hier Annehmen möglich ist. Und dann laßt einfach die Kraft fließen, die Liebe eures Hohen Selbst und seht, wie euer Inneres Kind sich verändert, wie es zu strahlen beginnt, wie euer Inneres Kind eins wird auch mit der Kraft eures Hohen Selbst. Und dieses Einswerden mit der Kraft des Hohen Selbst ist es, was wir als „werdet wie die Kinder" bezeichnen. Das bedeutet nicht, daß ihr trotzige Kinder werdet, sondern das bedeutet, daß ihr heile Kinder seid. Heile Kinder bedeutet, daß euer Inneres Kind auch eins ist mit eurem Hohen Selbst und ihr dadurch die Energien eures Hohen Selbst, das Licht und die Liebe über eure Inneren Kinder lenken und ausstrahlen könnt. Und das ist ein leichter, spielerischer Ausdruck in allen Bereichen eures Lebens, auch in eurem beruflichen Umfeld.

Ich bitte darum, daß ihr dieses immer wieder macht, daß ihr einfach die Kraft, die ihr seid, das göttliche Bewußtsein, das ihr seid, nutzt, die Liebe, die ihr seid, nutzt, um hineinzustrahlen in die Ebene Vater/Mutter, in die Ebene Inneres Kind. Und sich dadurch über diese Verbindung ein Kreis schließt, der ein Ausdruck von Einheit ist in eurem Sein, die Einheit des Annehmens, die Einheit des Bewußtseins, daß ihr Liebe seid. Bei allen Anregungen, die wir euch geben, auch bei der Ermutigung, euch von Ballast aus Inkarnationsketten zu befreien, ist es immer das Ziel: Seid euch bewußt, daß ihr Liebe seid, daß dieses Bewußtsein in euren Systemen mehr und mehr Raum nehmen darf und kann.

Das ist, als würde man ein Gefäß, das lange Zeit vergraben war, das voll Erde ist, das vielleicht auch gewisse Ablagerungen hat, die das Metall angegriffen haben, sanft von dieser Erde entfernen, damit der Glanz, der immer hier war seit Anbeginn der Zeit und immer sein wird, egal wie lange dieses Gefäß auch begraben ist, sichtbar wird, und zwar in einer Form, daß das Gefäß selbst erkennt, daß dieser Glanz immerwährend ist und war, und sich daran erfreuen kann.

Vergleiche haben die Tendenz ein bißchen zu hinken. Auch dieser. Dennoch ist dieser Vergleich ein sehr treffender, denn auch ihr seid diese Gefäße und auch wir und alle die anderen Wesen, die zu euch sprechen und mit euch arbeiten, sind nun darum bemüht, daß ihr und wir gemeinsam diese Erde, diese Verkrustungen, lösen, um zu erkennen, daß ihr immer der strahlende Kelch ward, der ihr seid. Der Kelch der Liebe. Erkennt dieses! Und deshalb ist es wichtig, auch die Ebene eures Inneren Kindes zu lieben. Badet euer Inneres Kind in dem Kelch der Liebe, der ihr seid. Nehmt dieses Bild des Liebeskelches, der gefüllt ist mit unendlichem Sein. Der gefüllt ist mit der Kraft eures Hohen Selbst, und gebt alle Ebenen, mit denen ihr in Disharmonie seid, hinein - sei es in euch, dies können Eigenschaften sein, oder seien es Menschen im Außen, die ein Teil von euch sind und die ihr dennoch im Außen erfahrt und mit denen ihr in Disharmonie seid. Ladet sie ein in die Liebeskraft, in die Kraft eures Kelches, in die Liebe eures Kelches, und laßt sie darin baden. Und siehe da: Veränderung tritt ein - Liebe breitet sich aus, Liebe durchdringt.

Liebe durchdringt Ebenen, die ihr nicht so gerne an euch mögt. Liebe durchdringt Ebenen von Beziehungen, mit denen ihr Schwierigkeiten habt, und Liebe durchdringt auch Menschen im Außen, die disharmonisch für euch wirken. Und siehe da: durch dieses Ausbreiten der Liebe lösen sich Konflikte, lösen sich Disharmonien, und Liebe ist. Einheit ist. Göttliches Sein ist. Und das ist wunderbar.

Dieses ist Hilarion, in Anbindung an die Engelreiche, in Anbindung an Raphael, und wir senken unseren Segen der Liebe, des Friedens und des Angenommenseins in euren Kelch, der ihr seid, und auch in die Ebene eures Vaters, eurer Mutter und eures Kindes.

Dieses ist Hilarion.

Om Shanti Amen.

Erzengel Uriel über „mein“ und „unser“

Dieses ist Uriel, seid gesegnet in der Kraft der Transformation, seid gesegnet aus den Ebenen der Engel. Wir sind gekommen, um einen Kreis zu bilden, einen Kreis der Transformation. Und wir laden euch nun ein, Raum zu nehmen in der Mitte dieses Kreises. Wir laden euch ein, eure Herzen zu öffnen und eure Liebe strömen zu lassen. Wir laden euch ein, euer emotionales Feld und euer Inneres Kind zu öffnen. Wir laden euch ein, nun zu atmen und eins zu sein mit eurem Herzen, mit eurem emotionalen Sein und eurem Inneren Kind, und eins zu sein mit dem Kreis, der sich um euch gebildet hat, der wir sind.

Erkennt die Kraft der Transformation, die in euch ist, durch dieses Einssein mit uns und erkennt, daß es keine Trennung gibt in diesem Universum. Erkennt, daß es dadurch auch leicht ist, sich von der Vorstellung „mein, meine Erfahrungen, meine Geschichte, meine Freude, mein Leid“ zu lösen; denn „mein“ ist nicht existent im göttlichen Bewußtsein, der Quelle allen Seins. Hier ist ein unendliches „Unser“, ein unendliches „Wir“. Erkennt, daß ich euch dieses gebe als Freiheit, denn das bedeutet, daß ihr euch lösen könnt in Leichtigkeit von „meinen“ Dingen, „meinen“ Partnern, „ meinen“ Erfahrungen, und hineingehen könnt in ein Unser. Dadurch wird die Identifikation gelöst, und dadurch wird das gelöst, was ihr Blockierung nennt, denn Blockierung entsteht durch Identifikation.

Durch die Verinnerlichung einer Erfahrung wird diese verfestigt und führt zu einer Verengung des Systems. Wenn Erfahrung als allgemein betrachtet wird, als „unser", kann keine Verfestigung stattfinden, sondern ist ein immerwährender Fluß mit allem, was ist, mit dem Kollektiv, ein ewiger Austausch von „unser". Dieses „unser", spürt hinein, öffnet und verbindet, gibt weiter und teilt mit. Erkennt, daß ich euch deshalb einlade, nun bewußt alle die Erfahrungen, die ihr hattet, in eurer Kindheit oder auch in eurem Erwachsenensein, die ihr als schmerzhaft empfunden habt, nun nicht mehr länger als „mein" zu definieren, sondern ganz bewußt dafür „unser" zu nehmen. Erkennt, daß dieses „unser" zergeht wie Schokolade auf eurer Zunge und sofort eine Erweiterung stattfindet. Und diese Erweiterung in eurem System ist die Kraft des Loslassens, ist die Kraft des Annehmens, ist die Kraft der Heilung. Erkennt, daß es viele Sternenebene gibt und Sternenwesen, die ihre Energien zur Verfügung stellen, damit ihr euch hier leichter von dieser Identifikation lösen könnt. Denn erkennt, es geht nicht um „deinen" Mißbrauch, es ist „unser" Mißbrauch. Erkennt, daß dadurch viel leichter Heilung geschieht.

Erkennt, daß diese Sternenebenen, von denen wir sprechen, sich auf die Verbundenheit freuen, die wieder entsteht auch mit den Sternenebenen durch das Bewußtsein des „unser". Denn dadurch wächst das Bewußtsein, daß alles mit allem verbunden ist; auch die Sterne, auch die Sternenebenen und Bewußtseine von dort. Erkennt, daß ihr nicht umsonst in der Nacht zum Himmel schaut und nach den Sternen und sucht und euch berühren laßt davon. Es ist euer tiefes Wissen, daß ihr von den Sternen kommt, und zwar jeder von euch! Und erkennt, daß ihr diese Erinnerung in eurem genetischen Kode tragt und daß ihr diese Sehnsucht nach Einheit in eurem genetischen Kode tragt.

Auch die Erde, auch Gaia, ist ein Sternenbewußtsein. Und es geht hier nicht darum, von der Erde zu gehen, um wieder auf eine Ebene zu gehen, die ihr Sirius, Plejaden oder Andromeda nennt, um zu glauben, dann dort zu Hause zu sein. Das ist ein Ausdruck der Trennung. Sondern es geht darum, hier die Kräfte zu verbinden, die Kräfte von Gaia mit Sirius, mit den Plejaden, mit Andromeda, und Einheit zu schaffen. Einheit zwischen oben und unten. Einheit zwischen allem, was ist. Das ist eure Aufgabe, wenn ihr zum Himmel schaut: Ebenen zu verbinden. Erkennt, daß dieses geschieht durch die Annahme von Materie, durch die Annahme von Gaia.

Jetzt möchte ich euch einladen, mit mir zum Himmel zu sehen, um dort Sternenebenen aufleuchten zu lassen. Erkennt, daß Sirius die Kraft des Klanges in sich trägt. Klang als Vibration, der Herzen öffnet; der Liebe zur Materie entstehen läßt. Erkennt, daß plejadisches Sein fließende Liebe und kraftvolle Hingabe ohne Selbstaufopferung ist. Erkennt, daß die Kraft von Andromeda liebevolle Heilung ist. Erkennt, daß die Kraft der Venus auch Liebe und Annehmen und Lösung der Identifikation ist. Erkennt, daß die goldene Zone von O-rion die Kraft des Einverstandenseins ist mit allem, was ist. Erkennt, daß Aldebaran Wissen, mentales

Wissen, in sich birgt zu vielen verschiedenen Themenbereichen.

Erkennt, daß all dieses Grundenergien sind, die ihr nutzen könnt. Durch eure Verbindung zur Erde, durch eure Verbindung zu eurem Hohen Selbst ist es möglich, Lichtfäden, Lichtkanäle zu diesen Ebenen zu spannen. Und die Kräfte, die Geschenke, die Qualitäten dieser Ebene können durch euer System hinein in die Erde fließen, und so verbindet ihr Himmel und Erde. Genauso wie ihr die Liebe der Erde aus dem Bewußtsein des zentralen Kerns der Erde nehmt und hinaufspeist zu den Sternenebenen, mit denen ihr verbunden seid. Auch das ist wichtig, daß das Sternenwissen von Gaia in diesem Universum Raum nehmen darf.

Erkennt, daß dieses Bewußtsein, daß ihr Sternenwesen seid und die Aufgabe habt, hier auch als Botschafter zwischen Himmel und Erde zu dienen, es euch auch erleichtert, aus euren „Mein-Erfahrungen“ herauszutreten und euch als Unendlichkeit zu betrachten.

Dieses Bewußtsein der Unendlichkeit hilft euch, loszulassen und anzunehmen. Hilft euch, im Flusse göttlicher Präsenz zu sein. Hilft euch, auch im Namen göttlicher Präsenz immer mehr, auch im Außen, Realitäten zu erschaffen, die den Fluß und nicht die Blockierung in eurem System nährten. Wenn ihr euch löst von „meine“ Erfahrungen, löst ihr euch von einer Definition, die ihr als Ego benennt. Wenn ihr euch löst von diesem „mein“, dann löst ihr euch auch von dem Sich-persönlichangegriffen-fühlen, wenn jemand nicht das tut, was ihr erwartet, das er tut.

Je mehr ihr euch als göttliches Wesen, als Vermittler zwischen Himmel und Erde, erfahrt, umso mehr erlaubt ihr allen anderen so zu sein, wie sie sind, ohne Erwartungen zu haben. Und in dieser Freiheit, die daraus erwächst, ist es auch viel einfacher, sich der göttlichen Kraft, die jeder ist, gewahr zu sein und ihm im Ausdruck des göttlichen Seins von Herz zu Herz, von göttlichem Sein zu göttlichem Sein, von Einheit zu Einheit, zu begegnen, und dann ist Frieden auf allen Ebenen eures Seins.

Dies ist Uriel, und die Kraft der Transformation möge einfließen in eure mentalen und emotionalen Strukturen, um Kräfte der Begrenzung, Kräfte der Einschränkung, durch Überzeugungen und Glaubensmustern zu lösen. Dieses geschehe jetzt. Dies ist Uriel.

Seid gesegnet.

Sternenstaubbotschaft von Lenduce

Und dieses ist Lenduce, und der Sternenstaub tanzt in euren Systemen. Erkennt, daß ihr Sternenstaub seid, erkennt die Leichtigkeit eures physischen Körpers. Erkennt die Leichtigkeit eures Seins. Erkennt die Leichtigkeit eures Lebens. Erkennt, daß durch die Identifikation mit euren Erfahrungen sehr viel Schwere und Dichte und Ernsthaftigkeit und auch Wichtigkeit und auch die Energie des „etwas Besonderes zu sein“ in euren Systemen ist und dadurch Abgrenzung entsteht.

Nun lade ich euch ein, euch zu erinnern, daß ihr funkelnde Wesen seid, daß ihr Sternenstaub seid, daß dieses gesamte Universum aufgebaut ist aus Sternenstaub, der glitzert, der funkelt, der strahlt, der sich bewegt. Erkennt, daß ich euch nun einlade, dieses Bewußtsein der Leichtigkeit, dieses Bewußtsein des Tanzes in euch aufzunehmen, wahrzunehmen und hineinzugehen in eine Zelle eures Seins, um zu erkennen, daß diese eine Zelle eine Sonne ist, eine Sonne, die leuchtet, eine Sonne, die strahlt, eine Sonne, die funkelt und glitzert. Dies ist eine Zelle eures physischen Seins, und nehmt wahr, daß sie beginnt zu vibrieren. Spürt diese Vibration der Freude über das Sonnesein und erkennt, daß nun alle Zellen in diesem Umfeld auch zu leuchten beginnen, zu glitzern, zu vibrieren; daß der gesamte physische Körper zu vibrieren beginnt und beginnt, Sonne zu sein. Sonne, unendliches Sonnesein. Erkennt, daß diese Kräfte der Sonne sich ausdehnen und daß emotionales Sein und mentales Sein und spirituelles Sein, daß all das Sonne ist. Und strahlt und leuchtet und glitzert und funkelt, und wärmt und nährt und vibriert. Spürt, wie ihr vibriert; spürt, wie jedes Organ und jede Zelle, jede Ebene eures feinstofflichen Seins vibriert. Und erkennt, die Energie tanzt, die Energie der Sonne tanzt in eurem System. Und dehnt sich aus. Sonne dehnt sich aus. Sonne fließt tief in die Erde, Sonne fließt weit in den Kosmos, Sonne verbindet sich mit anderen Sonnen. Sonne wächst, Sonne wird eins, Sonne ist eins, mit allem, was ist, denn Sonne hat ihre Fühler ausgestreckt zu den Sternen. Und innerhalb dieser Sonne, die das gesamte Universum umspannt, ist Stille, ist Sternenstaubstille. Und Sternenstaub und Stille tanzen. Stille und der Tanz des Lebens – alles ist eins.

Erkennt, daß dieses euer Sein ist. Richtet euch aus auf dieses göttliche Sein und wisset, daß es eure Bestimmung ist, dies zu sein, auf dieser Erde, mit dieser Erde, und mit allen Wesen, die hier sind, und daß jeder dieses ist.

Erkennt die Größe, die ihr seid. Erkennt die Weite, die ihr seid und laßt los von Energien, die euch glauben machen wollen, daß ihr klein seid, daß ihr abhängig seid, daß ihr arm seid, daß ihr böse seid. Laßt diese Begrenzungen los. Erkennt, daß Sonne scheint. Sonne läßt sich nicht sagen, jeden dritte Strahl leuchten lassen zu dürfen und den Rest verstecken zu müssen. Sonne läßt sich nicht in Käfige sperren, auch nicht in Hutschachteln. Sonne strahlt, Sonne leuchtet. Das ist es, was ihr seid. Sonne. Erkennt das!

Dieses Bewußtsein des Sonneseins ist wichtig für euch, damit ihr euch eurer Größe, eurer Unendlichkeit und eurer Kraft bewußt werdet. Durchstrahlt eure Erfahrungen mit der Kraft der Sonne, durchlichtet eure Erfahrungen mit der Kraft der Sonne! Und siehe da: Sonne ist.

Dies ist Lenduce, und ich segne euch aus dem Bewußtsein der solaren Bruderschaft, und lasset tanzen den Sternenstaub, der wir als Sonne sind.

Seid gesegnet.

Erzengel Haniel: Seelenabsprachen und Geschenke austauschen

Dieses ist Haniel in Verbindung mit der Kraft der Rowena. Erkennt, daß wir Raum nehmen im Bewußtsein des rosafarbenen Strahls der Befreiung. Wir möchten Stellung nehmen zu einem Thema, das ihr Seelenabsprache nennt.

Erkennt, daß es richtig ist, wie ihr wißt, daß ihr vor dieser Inkarnation euch mit anderen Seelen trefft und vereinbart, in welchen Funktionen und Rollen ihr euch begegnen möchtet. Dies ist eine Absprache, die bis jetzt auch bindend war, erlaubt mir diesen Begriff. Das heißt, ihr habt eure Rolle gespielt, und das war ein Teil des Spiels, das ihr Karma nanntet, denn dadurch habt ihr euch im Wechselspiel mit diesen Seelen verabredet. Dieses bedeutet, daß ihr früher sozusagen Jäger und jetzt Gejagter ward. Dies bedeutet, daß ihr früher mißbraucht wurdet und jetzt mißbraucht, um den Ausgleich zu schaffen. Und um jeder Seele, mit der ihr verbunden ward, auch die Möglichkeit zu geben, für sich diesen Ausgleich in Anspruch zu nehmen. Das heißt: Ihr habt diese Rollen gewechselt. Erkennt, das ist ein Spiel der Dualität, und dieses Spiel war notwendig, denn ohne dieses Spiel hätte Dualität nicht in dieser Form Raum nehmen können. Nicht in diese Perfektion gebracht werden können. Erkennt, daß ihr Meister seid in der Dualität, daß ihr Perfektionisten seid in dem Spiel der Dualität.

Es ist nun wichtig, daß ihr euch bewußt werdet, daß diese Seelenabsprachen nicht mehr länger Gültigkeit haben, denn es geht hier darum, aus dem Spiel der Dualität auszusteigen, und das bedeutet, frei zu sein. Frei zu sein, auf allen Ebenen. Eine Absprache ist kein Ausdruck von Freiheit, sondern Ausdruck einer Bedingung, eines bedingten Seins. Und deshalb erkennt, daß wir die Kraft der Freiheit in eure Seelenebenen, in eurer Seelenabsprachen einläuten. Lange Zeit, erlaubt mir diesen Begriff, war es üblich, Seelenabsprachen auch dafür als Ausreden zu verwenden. Erkennt, daß ihr nach Pastlife-Erfahrungen gefragt habt, nach früheren Inkarnationen mit diesen und jenen Wesenheiten, um zu sehen, wie die jetzige Verbindung entstanden ist, was der Sinn für die jetzige Verbindung ist.

Erkennt, daß ihr dadurch auch Macht abgebt. Macht abgebt an eine Vergangenheit, die relativ ist. Erkennt, daß das nicht Freiheit ist. Und wir bitten euch nun, wir laden euch nun ein, Seelenabsprachen zu lösen. Denn erkennt, ihr seid ein ganzheitlicher Ausdruck, und ihr habt immer die Wahl, je nachdem auf welcher Ebene ihr euch gerade bewegt, und hier sprechen wir von Dimensionen.

Wir laden euch nun ein, euch zu zentrieren in eurem Sein. Und durch eure klare Absicht, alle Energien, die ihr fortgegeben habt, wo ihr Verantwortung abgegeben habt - an frühere Inkarnationen, an Horoskope, an andere Kalender, an Mondeinflüsse, an andere Menschen, an andere Institutionen, an spirituelle Lehrer und an andere

Formen von Autoritäten, auch an Großeltern, Eltern, an eure Ahnen – und damit die Verantwortung, die ihr hier hineingelegt habt, zurückzunehmen. Weil ihr wollt, fließen diese Energien, fließt die Kraft der Befreiung, die wir einspeisen, zurück in euren Solarplexus, in das Zentrum eurer Kraft.

Und nehmt bitte wahr, wie hier eine Erweiterung stattfindet.

Seid frei von diesen Verbindungen. Seid unabhängig von diesen Energien und Wesen. Erkennt, der kosmische Mensch ist ein Wesen, das sich freiwillig mitteilt, freiwillig eins ist, freiwillig sich einläßt auf den anderen, doch niemals gibt es ein „Muß“. Der kosmische Mensch ist frei auf und von allen Ebenen. Deshalb befreit euch auch von dem Begriff der Seelenabsprache. Denn dieses bedeutet, daß ihr gebunden seid, und das ist kein Ausdruck von Freiheit. Erkennt, daß ihr die Ebene, auf der ihr euch vor der Inkarnation trefft, betrachten könnt als freie Ebene, wo Seelen sich treffen und Wahlmöglichkeiten vereinbaren. Doch niemals gibt es eine Bindung. Das ist nicht mehr zeitgemäß. Erkennt dies und befreit euch von diesem Glaubenssatz.

Dieses ist Haniel und die Kraft der Befreiung durchdringt euer Sein. Die Kraft der Befreiung erweitere euer Bewußtsein auf allen Ebenen, damit Liebe sei.

Seid gesegnet.

Dieses ist Haniel erneut gemeinsam mit Lady Rowena. Wir möchten das, was wir gesagt haben, ergänzen und erweitern. Erkennt, daß es wichtig ist, die Seelenabsprache nicht mehr als bedingt zu sehen, sondern zu erkennen, daß Seelen sich hier (auf der Erde) treffen, frei und gleichberechtigt, um Geschenke auszutauschen. Erkennt, wie wichtig das ist, denn dadurch entsteht Freiheit. Denn sonst ist die Energie der Schuld zwischen den Seelen geprägt, und es ist die Energie von Ursache und Wirkung, die zwischen den Seelen herrscht. Und es ist von Wichtigkeit, daß diese durch die Kraft der Befreiung herausgelöst wird. Dadurch entsteht die Energie, die ihr Geschenke austeilen nennt, das nicht länger eine gebundene Energie ist, sondern eine freiwillige Energie. Erkennt, wie wichtig das ist zu verstehen, damit dieses für euer Sein genutzt werden kann, denn das bringt euch in die Kraft des Mitschöpferseins. Nutzt den rosafarbenen Strahl, damit diese Begrenzung gelöst wird aus eurem zellulären Bewußtsein, damit dieses gelöst wird aus euren mentalen Konstrukten und emotionalen Kleidern. Verbindet euch mit der Kraft der Freiheit, denn diese Freiheit ist eine Freiheit, die auf allen Ebenen Raum nimmt. Das ist eine Freiheit, die euch verbindet mit allen Ebenen, die ihr seid. Eine Freiheit, die euch eins werden läßt mit dem göttlichen Sein, das ihr seid.

Dieses ist Haniel in Verbindung gemeinsam mit Lady Rowena. Seid gesegnet in der Kraft der Befreiung. Seid gesegnet.

Reise in den Tempel der Freiheit

Dieses ist Nada, in Verbindung mit Lady Rowena. Erkennt, daß wir nun das rubinrotgoldene Leuchten und das rosafarbene Licht verbinden, um Christusbewußtsein und Liebe in Freiheit in dieses Gespräch einfließen zu lassen. Denn wir haben uns verbunden, um gemeinsam zu sprechen und eine Botschaft zu bringen, die von großer Wichtigkeit ist.

Wir laden euch ein, frei zu sein. Frei zu sein von eurer Erinnerung. Frei zu sein von eurer Vergangenheit. Frei zu sein auf allen Ebenen. Denn Seele, göttliches Sein und Hohes Selbst sind immer frei. Und je mehr ihr eins werdet auf allen Ebenen mit eurem göttlichen Sein, um so mehr Freiheit wird auch auf allen Ebenen Raum nehmen. Auch auf der Ebenen der Emotionalität, und dadurch, durch diese Freiheit, ist es, als würde Platz geschaffen werden für etwas Neues. Und dieses Neue ist die Kraft des Christus. Ist die Kraft der Liebe im tätigen Tun, die über persönliche Liebe hinausgeht. Eine Liebe, die bedingungslos ist. Eine Liebe, die über Zeit und Raum hinweggeht. Erkennt, daß ich euch hier im Zusammenhang mit eurem Inneren Kind bitte, euch von der Abhängigkeit zu euren physischen Eltern, die noch sehr viele in euch tragen, zu lösen. Erkennt, daß viele von euch bereits seit dreißig, vierzig, fünfzig Jahren oder noch länger auf diesem Erdenstern sind, in dieser Inkarnation, und immer noch Groll in sich tragen auf ihre Eltern, weil sie immer noch an ihre Eltern Erwartungen haben. Und Erwartungen sind Ausdruck der Abhängigkeit, nicht der Liebe. Erkennt, daß es nicht wichtig ist, ob eure Eltern euch loslassen oder nicht, sondern daß es wichtig ist, daß ihr euch entscheiden könnt, frei zu sein. Und wir laden euch nun ein, dieses zu tun.

Wir laden euch ein, mit uns in den ätherischen Tempel der Freiheit des rosafarbenen Strahles über Frankreich zu reisen. Wir laden euch ein, die Emanationen des Haniel wahrzunehmen, die einen Lichtkanal bilden und euch sanft tragen auf ihren Schwingen über diesen Raum hinaus über Städte, über Flüsse, über Seen und euch bringen hinein in diese ätherische Ebene der Freiheit. Nehmt das rosafarbene Licht wahr. Nehmt die Engel-Emanationen wahr, die euch zahlreich begrüßen, euch willkommen heißen und aus der Liebe, die sie sind, in euer Herz die Kraft der Befreiung aussenden.

Und nun tretet ein, tretet ein in den Tempel der Freiheit, und nehmt wahr das Wasser der Freiheit, das dort in einem leuchtenden Brunnen fließt. Nehmt wahr die Freude über euer Hiersein, und wir laden euch ein, nun in diesen Brunnen hineinzutreten. Öffnet eure Herzen, öffnet sie weit, öffnet euer emotionales Feld und euer Inneres Kind. Öffnet eure Erinnerungen und trinkt von dem Licht der Liebe, trinkt von dem Licht der Freiheit, und nehmt wahr, wie Freiheit sich ausdehnt und Liebe sich ausdehnt, in allen Ebene eures Seins.

Und nun erlaubt euch, all die Erwartungen des Geliebtwerdens, des Umsorgtwerdens, des Genährtwerdens, des Behütetwerdens fließen zu lassen. Laßt alle diese Erwartungen, die ihr an eure Eltern habt, die ihr auch dann in der Folge an eure Partner, an Freunde, an Kinder hattet, laßt alle diese Erwartungen los, laßt sie fließen, übergebt sie dem Wasser der Freiheit, dem Wasser der Liebe und erkennt, daß viele Engel-Emanationen euch berühren. Damit es leicht fließen kann. Und ihr liebevoll umfangen seid. Laßt los, laßt sanft fließen die Verletzungen, die ihr glaubt durch eure Eltern erfahren zu haben. Und laßt los die Verletzungen, die ihr glaubt erfahren zu haben in der Folge von Freunden, von Partnern, von Kindern, die nur Wiederholungen waren; denn der Ursprung liegt im Festhalten des Schmerzes aus eurer Kindheit. Laßt los, laßt sanft fließen. Spürt, wie das Wasser der Befreiung euch durchrieselt. Wie es abwäscht, mitnimmt diese Energien, sanft, und wie die Engel euch wiegen. Laßt los die Enttäuschung über eure Eltern, über ihr So-sein, wie sie sind und wie sie waren, und laßt los die Enttäuschung, die ihr empfunden habt über eure Partner, Freunde, Kinder.

All dieses laßt fließen und erlaubt, daß Liebe Raum nimmt in eurem Sein. Liebe zu euch selbst. Und nun laßt los, atmet, laßt es fließen, sanft, alles, was euch noch bindet, alles, was euch noch in Abhängigkeit hält, emotional, materiell, mental oder spirituell - mit euren Eltern, mit euren Freunden, mit euren Kindern, mit euren Partnern, mit Menschen, die ihr kennt und seht.

Nehmt wahr, wie die Freude der Engel in euch strömt und euch hilft, dieses mit Hilfe eures Atems fließen zu lassen. Sanft werden alle diese Energien im Wasser aufgenommen und lösen sich auf in der Freiheit und in der Liebe, die dieses Wasser ist. Und nun trinkt, trinkt einen Schluck dieses Wassers und erlaubt euch, daß ihr durchdrungen werdet von der Kraft der Liebe und der Freiheit.

Seht, wie ihr zu strahlen beginnt in dieser Kraft. Seht, wie ihr zu leuchten beginnt und eins seid mit der Liebe, unendlich seid. In der Liebe frei seid, auf allen Ebenen.

Und ich lade euch ein, euch nun aufzufüllen mit diesem Wasser der Befreiung, alle Kräfte zu euch zurückzunehmen, die gebunden waren durch eure Abhängigkeit, in Beziehungen, zu anderen Menschen. All dieses kehrt nun zu euch zurück, alle eure Kraft, und wird eins mit der Energie der Liebe, mit der Energie des Lichts, mit der Energie der Freiheit, die ihr seid. Und nehmt wahr, wie ihr euch erweitert, wie ihr euch öffnet, wie ihr groß seid. Und wie ihr eins seid. Genießt, und atmet auch die Freude und die Liebe der Engel-Emanationen des Haniel ein.

Und in diesem Bewußtsein des Heilsein, des Freiseins, bedankt euch bei den Kräften und kehrt zurück. Kehrt zurück aus dem Tempel und gleitet durch den Lichtkanal, den euch die Engel noch immer bereiten, zurück in den Raum, in dem ihr euch befindet. Spürt der Freiheit nach, spürt der Liebe nach. Erkennt, daß sie in jeder Zelle eures Seins in allen Körpern ist.

Nehmt die Erde wahr, auf der ihr seid. Genießt euer Sein in Freiheit und schließt die Übung sanft in eurem eigenen Tempo ab.

Dieses ist Nada in Verbindung mit Lady Rowena, und wir segnen euch in der Kraft der Freiheit, in der Kraft der Liebe.

Seid gesegnet. Amen.

Nada über das Christusbewußtsein

Dieses ist Nada. Seid gesegnet in der Kraft des rubinrot goldenen Leuchtens und wisset, daß ich euch etwas über eure Mitschöpferkraft mitteilen möchte, über das Christusbewußtsein in euch.

Erkennt, daß ihr, wenn ihr Seele seid - und das seid ihr alle -, daß ihr hier in der Kraft des Christus seid. Erkennt, daß es hier sozusagen die Kraft des Mitschöpfertums ist, die Seelen Vereinbarungen treffen läßt. Erkennt, daß dieses ein Ausdruck der Liebe einer Seele zu einer anderen ist, wenn sie einer Seele die Erfahrung des Schmerzes ermöglicht, so wie einst gesagt wurde, daß es ein Dienst des Lichts ist, ein Dienst der Liebe, der Luzifer, den Lichtbringer, dazu brachte, in die Dunkelheit zu gehen, um Dualität erfahrbar zu machen. Daß es ein Ausdruck der Liebe ist, wenn sich eine Seele dazu entschließt, einer anderen Seele die Erfahrung des Opfer-Täter-Seins zu ermöglichen. Erkennt, daß ihr als Seele dieses in Freude und Leichtigkeit beschließt und dieses nicht als Schmerz, sondern als Liebe empfunden wird. Denn im Bewußtsein des Christus, der ihr seid in eurem Seele-Sein, seid ihr verbunden mit allem, was ist, seid ihr in der göttlichen Einheit, und in der göttlichen Einheit ist alles enthalten. Ist Stille, ist Friede, ist Liebe. Erkennt, daß ihr, wenn ihr hier eintaucht in den Zyklus der Inkarnation und ihr euer Umfeld, eure Erfahrungen wählt, ihr bis jetzt vergessen habt, daß eure Seele immerwährend Mitschöpfer ist. Da ihr Teil eurer Seele seid, und eure Seele euch durchdringt, habt ihr Erfahrungen geschaffen, durch die ihr lernen wolltet, durch die ihr wachsen wolltet, und andere Seelen haben euch dafür gedient.

Jede Seele, die euch begegnet und mit euch lebt und mit euch euer Leben kreiert, dient euch. Erkennt dieses. Und nun ist es wichtig, daß ihr diese Kraft des Mitschöpfers nutzt, daß ihr gewahr seid, daß ihr immer noch Mitschöpfer seid. Nicht nur vor der Inkarnation auf Seelenebene, sondern auch in der Inkarnation, weil ihr eins seid mit eurem Hohen Selbst, weil es keine Trennung gibt zwischen euch und dem göttlichen Sein. Indem ihr euch immer mehr erlaubt, daß diese Trennung nicht ist, indem ihr euch immer mehr bewußt werden, daß ihr Bewußtsein seid, göttliches Bewußtsein, erlaubt ihr euch, immer mehr zu erfahren, daß ihr Christus seid, daß ihr Mitschöpfer seid, und dadurch erlaubt ihr euch den Freiraum, zu schaffen, um zu verändern. Dann könnt ihr euch bedanken bei den Seelen, die euch gedient haben und immer noch dienen in eurem Umfeld, und mit ihnen in der dritten Dimension neue Spielregeln vereinbaren.

Und ich lade euch ein, daß ihr hineingeht in euer Herz, daß ihr hineingeht in das Zentrum eures Herzens, mit all eurer Aufmerksamkeit, mit alle eurem Sein. Nehmt den Herzschlag wahr, nehmt die Liebe wahr. Nehmt die Kraft des Christus wahr, der hier in eurem Herzen ist. Taucht ein in diese Kraft der Liebe, taucht ein, taucht ein in den Christus in euch, und erlaubt, daß er erwacht. Erlaubt, daß der Christus in euch ausstrahlt, in jede Zelle eures physischen Seins. Erlaubt, daß die Kraft des Christus in jeder Zelle eures physischen Seins jetzt ist. Und dehnt aus das Bewußtsein des

Christus in jede Zelle eures emotionalen Seins, und auf euer mentales Sein und euer spirituelles Sein. Verbindet euch, werdet eins in der Mannigfaltigkeit, die ihr seid. Im Namen des Christus, der ihr seid. Und laßt laufen das Licht des Christus hinein in die Erde, laßt die Liebe, die Christus ist, fließen in die Erde, tief hinein. Teilt den Christus, der ihr seid, mit. Teilt die Liebe, die ihr seid, mit, und laßt sie überfließen in den Raum, in dem ihr gerade seid. Zu den Möbeln und dem Gemäuer, das in eurem Raum ist. Durchtränkt Wesenheiten und andere Menschen mit eurer Liebe und strahlt sie aus in den Kosmos. All dieses seid ihr. All dieses ist Christus im tätigen Tun.

Und nun lade ich dich ein, daß du in diesem Bewußtsein, in der Kraft der Liebe, den Seelen, die dir dienten, vergibst, den Seelen, die deine Eltern waren, die deine Lehrer waren, die deine Freunde waren, oder anderen Menschen, die dich begleitet haben. Es können sich nun auch Erfahrungen aus anderen Inkarnationen zeigen, um hier die Kraft der Vergebung im Namen des Christus, im Namen der Liebe, im Namen des Annehmens, Raum nehmen zu lassen in deinem Sein. Sende hinein die Kraft des Christus; sende hinein die Kraft der Vergebung und die Kraft des Annehmens. Befreie diese Energien aus ihrem Dienst, diese Seelen aus ihrem Dienst. Und bedanke dich bei ihnen für alle die Erfahrungen, die sie mit dir geteilt haben, für die Dunkelheit, durch die ihr gegangen seid, und strahle aus das Licht, das du bist.

Und nun erkenne, wie diese Energien in deiner Liebe, in deinem Licht, sich verändern, und er-

kenne den göttlichen Funken in ihnen, wie er zu strahlen beginnt. Erkenne den Christus in ihnen, der nun erwacht ist, durch deine Liebe, und sieh, wie sich diese Kraft des Christus, diese Kraft der Liebe, in ihnen ausdehnt, sie durchdringt, tief hineingeht in die Erde, weit hinausgeht in den Kosmos, und wie diese Liebe zu dir zurückfließt.

So entsteht ein Kreislauf der Liebe, der niemals endet. So entsteht Anerkennung, die keinen Anfang und kein Ende hat. Strahle weiter dein Licht des Christus und deine Liebe und empfange die Liebe und das Licht des Christus der Wesenheiten, die nun bei dir sind.

Und nun erlaube dir, die tiefe Freude über diese Vereinigung, die entsteht durch das bewußte Sein, daß ihr alle Christus seid, in dir wahrzunehmen. Und erkenne, daß diese Freude leicht macht, daß diese Freude beflügelt, und erlaube, dich beflügeln zu lassen, und erlaube, die Weite wahrzunehmen, die du bist. Durchdringe mit deinem Licht des Christus alle Dimensionen, wo du deine Liebe, deine Kraft des Christus, zur Verfügung stellen möchtest. Damit die Wesenheiten dort auch erwachen können, erfahren können, daß auch sie Christus sind, daß auch sie Mitschöpfer sind, und dadurch Heilung geschieht in der Dualität.

Und nun danke ich dir für deine Bereitschaft, Christus zu sein. Erkenne, daß du dieses immer bist, immer gewesen bist und immer sein wirst. Niemals warst du weniger als Christus im tätigen Tun. Und auch die anderen Menschen, die hier sind auf dieser Erde sind, sind nichts Geringeres als Christus im tätigen Tun. Genießt dieses Bewußtsein und erlaubt, daß die Liebe, die ihr seid, nun fließt über die gesamte Welt, über die gesamte Schöpfung. Betrachtet sie mit Liebe, betrachtet sie in Dankbarkeit und seid euch eurer Mitschöpferkraft bewußt.

Dieses ist Nada, und aus dem Herzen des Christus segne ich euch mit der Kraft der Liebe.

Seid gesegnet. Amen.

Quellen-Selbst – ein ganzheitlicher Ansatz

Das Quellen-Selbst ist eine Summe all unserer Inkarnationen, die wir jemals waren, sind und sein werden. Das Quellen-Selbst ist ein ewiges Jetzt.

Die Schweizerin Rosemarie Klaka-Lampert, eine spirituelle Lehrerin, die ein paar wunderbare Bücher geschrieben hat, verwendet für das Quellen-Selbst das Bild eines Zifferblatts einer Uhr. Auf ihr sind aber viel mehr Zahlen als auf unserer normalen Uhr, genau genommen sind es unendlich viele Zahlen. Jede Zahl stellt eine Inkarnationsebene dar. Über den Zeiger, der sich in der Mitte dreht, sind alle Inkarnationen mit der Mitte verbunden. Diese Mitte können wir als Stille, Frieden, Liebe, Einheit beschreiben, und wie ich schon sagte, ist diese Mitte ein Jetztpunkt. Hier gibt es also keine Vergangenheit, Zukunft oder Gegenwart. Das bedeutet auch, daß alle Inkarnationen (alle Ziffern) im Jetzt stattfinden. Und dies alles bist du.

Auf meinem Zifferblatt zum Beispiel gibt es die „Ziffer", die ich jetzt bin, es gibt einige Inkarnationen als Klosterschwester, ein paar unspektakuläre Inkarnationen in ärmlichen Verhältnissen, einige davon in Reichtum und Saus und Braus. Genauso männliche Inkarnationen als Ordensbruder, aber auch als Matrose und als Kreuzritter, sowie als Autorennfahrer und als Holzfäller – und die Liste wäre unendlich fortzusetzen. Ich hatte bzw. müßte in korrekter Weise sagen, habe Inkarnationen, in denen ich mißbraucht wurde, genauso wie solche, in denen ich Mißbrauch betrieben habe.

Die Aufgabe jeder Inkarnation ist es nun, sich bewußt mit der Mitte dieses Bildes zu verbinden oder verbunden zu fühlen. Dadurch erkenne ich die „Weite" meines Seins, und dadurch löst sich auch wieder die Identifikation mit der momentanen Inkarnation, und Heilung kann geschehen.

Ein weiterer wichtiger Punkt ist, daß ich, wenn ich zum

Beispiel in dieser Inkarnation ein mangelndes Selbstvertrauen habe, mir sicher sein kann, mich über die Mitte meines Quellen-Selbst mit einem Teil von mir zu verbinden, der dieses Thema nicht kennt. Ich kann überzeugt davon sein, daß es einen Seelenaspekt von mir gibt, der voller Selbstvertrauen ist, und diesen auch in liebevoller Art und Weise verkörpert. Durch dieses Wissen kann ich mir über die Ebene des Quellen-Selbst diese Information des Selbstvertrauens in mein Sein holen. Und auch die Information des geheilten Inneren Kindes kann ich auf diese Art und Weise in mein Sein holen.

Das geschieht ganz einfach:
Du mußt wissen, was du möchtest.

Und dann mache es dir gemütlich und entspanne dich auf allen Ebenen deines Seins durch sanftes Ein- und Ausatmen.

Nun verbinde dich mit der Erde und atme Erde ein und aus, sei die Erde. Nun verbinde dich mit deinem Hohen Selbst und atme Hohes Selbst ein und aus, sei Hohes Selbst.

Nun erlaube dir, innezuhalten, und frage nun nacheinander dein physisches, dein emotionales, dein mentales und dein spirituelles Sein und dein Inneres Kind, ob sie bereit sind, die nun folgende Reise der Veränderung auf allen Ebenen anzunehmen und hier in der dritten Dimension zu leben. Wenn alle deine Aspekte mit einem „Ja" antworten, wunderbar, dann kann die Reise losgehen. Falls ein Teil von dir „Nein" sagt, dann frage ihn, was er braucht, damit er zustimmen und mitarbeiten kann. Dann schenke ihm die gewünschte Energie, zum Beispiel Licht, Liebe, Heilung, Anerkennung aus deinem Herzen, so lange, bis er auch „Ja" sagen kann. Für diese Einstimmung gib dir die Zeit, die du brauchst, weil es eine wichtige Voraussetzung ist, daß alle Ebenen „Ja" sagen können.

Nun verbinde dich abermals mit deinem Hohen Selbst und lade die Engel der Reinigung und/oder Seraphis Bey ein, ihre Kraft der Klärung über dein Hohes Selbst durch alle deine Körper, durch alle Chakren, durch alle Ebenen fluten zu lassen, damit alles in Sanftheit und Leichtigkeit aus deinem System fließen kann, was der bevorstehenden Veränderung noch im Wege ist bzw. was sich jetzt aus deinem System lösen darf, was du nicht mehr brauchst, weil es deinem jetzigen Bewußtsein nicht mehr dienlich ist. Abschließend bedanke dich bei den Engeln und/oder der Meisterebene und entlasse sie wieder über dein Hohes Selbst.

Nun kehrst du erneut mit deiner Aufmerksamkeit zu deinem Hohen Selbst zurück. Über dein Hohes Selbst atmest du dich jetzt durch den Kanal deiner transpersonalen Chakren (du mußt weder die Anzahl noch die Eigenschaften von ihnen wissen). Und dann kommst du an, in der Mitte deines Quellen-Selbst (ich habe immer die Vorstellung, es sei der „Deckel" meines transpersonalen Kanals; dann weiß ich, daß ich angekommen bin). Du kannst dir dieses als große leuchtende Halle vorstellen, mit vielen Türen oder Wegen, die von diesem Raum hinausführen bzw. in ihn hereinkommen. In dieser Mitte bitte nun dein göttliches Sein, dir aus einer anderen Inkarnationsebene, die du bist, über die Mitte, in der du stehst, eine Kopie der gewünschten Qualität in dich hinein fließen zu lassen. Genieße es, bis du satt bist. Dann bedanke dich und reise durch den transpersonalen Kanal zurück auf die Ebene deines Hohen Selbst und komme in deiner jetzigen Inkarnation wieder vollkommen an. Spüre nach, was sich verändert hat, und erlaube dir, die neue, mitgebrachte Qualität nun bewußt in allen Ebenen deines Seins wahrzunehmen. Dann erde dich wieder, zentriere dich und schließe deine Chakren auf das jetzt für dich richtige Maß.

Du kannst diese Übung auch zum Beispiel mit der Erfahrung des Nicht-mißbraucht-worden-zu-sein machen, kannst dir das Vertrauen in deine Inkarnation oder einfach Lebensfreude und kreativen Ausdruck überspielen. Dadurch lenkst du die Aufmerksamkeit weg von deinem „Mangel“, deiner „Disharmonie“, deinem „Mißbrauch“ etc. und nährst deine Stärken, deine Gesundheit, dein Heilsein. Auch so findet eine Lösung der Identifikation statt, und du gibst dir selbst den Raum, dich als Mitschöpfer zu erkennen, und kannst so bewußt verändern.

Wenn du für dich in deiner jetzigen Inkarnation etwas gelöst hast, dann kannst du dieses auch einfach als Information über deinen transpersonalen Kanal der Mitte deines Quellen-Selbst zur Verfügung stellen. Dann kann die Vielfältigkeit, die du bist, davon profitieren, indem sich, bei Bedarf, andere Inkarnationsebenen von dir deine Erfahrung, dein Wissen zunutze machen können, so wie du es umgekehrt mit der oben beschriebenen Anregung ja auch getan hast.

Tja, und nun stell dir vor, daß wir das Bild des Zifferblatt-Quellen-Selbst sogar noch mehr erweitern können. Du kannst dir nämlich ein Zifferblatt über dem anderen vorstellen, wie ein unendliches Zifferblatt-Sandwich. Das sind dann auch noch die verschiedenen Dimensionen, in denen du dich gleichzeitig bewegst. Durch diese Erweiterung unseres Bildes haben wir den Hauch eines ganzheitlichen Ansatzes in einem linearen Versuch, dieses zu beschreiben. Und all das bist du jetzt!

Keine Sorge, falls dein mentales Sein nun energetische Knoten erhält und Kapriolen schlägt. Irgendwann werden wir dieses alle verstehen, und für den Moment ist dieses Kapitel beendet.

Lösung der Identifikation der emotionalen Erfahrungen mit Erzengel Gabriel

Dieses ist Gabriel. Erkennt, daß das Auflösen von Inkarnationsballast und -prägungen sehr leicht ist und immer leichter werden wird. Die Zeit ist reif, da euer Bewußtsein, wenn ihr so möchtet, reif ist, dieses zu tun. Erkennt, daß alle eure Erfahrungen nur Rollen waren, die ihr gewählt habt zu spielen. Auch für einen Schauspieler in der dritten Dimension ist es wichtig, seine Rolle so gut zu spielen, daß die Zuseher glauben, daß die Gefühle echt sind - die Freude, das Leid, der Schmerz, die Versöhnung.

Nun, ihre alle seid Schauspieler, kosmische Schauspieler, und ihr alle habt eure Rollen mit Überzeugung gespielt. Erkennt, daß ihr so authentisch ward, daß ihr selbst vergessen habt, daß es nur Rollen sind, die ihr gewählt habt, und selbst davon überzeugt ward, daß es "wirklich" ist und nichts außerhalb dieser Rolle geschieht. Erkennt, daß es nun wichtig ist, euch wieder von diesen Identifikationen mit den Rollen zu lösen, und dazu möchte ich euch einladen, mir zu folgen.

Entspannt euch, macht es euch bequem, und erlaubt eurem Geist, frei zu werden von Gedanken.

Nun rufe ich euch zu und fordere euer Inneres Kind auf, mit mir zu kommen, um mit mir zu spielen. Ja, wir spielen nun gemeinsam ein Spiel. Seht die Freude eures Inneren Kindes darüber, denn Innere Kinder lieben es zu spielen.

Nun seht, wie eure gesamte Aufmerksamkeit

eurem Inneren Kind folgt, das ich an der Hand nehme, und wie wir uns emporschwingen über den Raum, über das Haus hinweg und über den Ort, die Stadt, das Land fliegen und uns immer mehr von der Erde lösen. Seht den Planeten von außen, seht das wunderschöne Blau. Ist es nicht ein Juwel, das euch entgegenlacht?

Nun gut, unsere Reise führt uns hoch hinauf in eine Ebene, die ihr Seelenebene nennen könntet. Eure Seelenebene ist ein Sein, in dem ihr ward und in das ihr immer wiedereinkehrt, vor, nach und zwischen den Inkarnationen. Es ist eine Ebene, die ihr auch immer wieder aufsucht in euren Träumen, um hier mit dem bewußten Sein eurer Seele zu verschmelzen und auch, um euch mit anderen Seelenebenen auszutauschen. Nun gut, fühlt das liebevolle Sein, das hier ist. Das Einverstandensein mit jedwedem Sein, spürt den Frieden und die Stille, die daraus erwächst. Nehmt Raum und erkennt, daß dieses euer Sein ist. Seid nun für einige Minuten in der Schwingung des ewigen Seins.

Nun nehmt dieses Sein und reist mit mir weiter, reist mit mir in einen Raum, wenn ihr so möchtet. Es ist der Raum der Erfahrungen. Es ist ein sehr großer Raum, viele Bilder, viele Kleider, viele Bücher sind dort. Viele Türen mit unterschiedlichen Aufschriften, wie „Atlantis - Phase I“ oder „Maria Stuart“ oder auch das „Leben einer Putzfrau“. Wenn ihr möchtet, könnt ihr euch eine Tür aussuchen und hindurchgehen. Sie führt in einen Kinosaal, in dem der erwähnte Film läuft.

Der Raum der Erfahrungen ist sehr groß. Schaue dich weiter um und finde die Tür zu deiner jetzigen Inkarnation. Öffne die Tür und erkenne, daß auch hier ein Kinosaal ist, und mache es dir dort bequem. Erkenne dich selbst auf der Leinwand, sieh deinen Lebensfilm, deine Kindheit, deine Schulzeit, dein Erwachsenwerden, deine Beziehungen, dein Arbeitsumfeld. Betrachte dein Leben in Liebe und ohne Wertung.

Nun löse dich wieder aus deinem Lebensfilm und kehre in den Raum der Erfahrungen zurück. Dort wartet bereits ein Kreis von Engeln der Reinigung auf dich, und sie leuchten und schimmern in klarer Transparenz. Nun tritt in ihre Mitte und erlaube, daß sie dein emotionales Kleid lösen. Betrachte das Muster, die Farben, und siehe die Verbindung zu deinem physischen Körper, wie ein feines Netz ausgehend und sich verbindend mit Organen und Zellen, mit Ebenen deines physischen Seins. Dieses ist nötig, damit du die Erfahrungen wirklich in der dritten Dimension erfährst.

Doch nun stehst du in der Mitte der Engel. Erlaube ihnen nun, diese Verbindungen, die von deinem emotionalen Kleid zu deinem physischen Sein gehen, zu lösen.

Du fragst, was macht mein mentales Sein? Das steuert, das lenkt die Energien und unterstützt das Tun. Dein mentales Sein ist der Vorarbeiter deiner Seele, wenn du so möchtest.

Nun erkenne, daß durch das Lösen der emotionalen Verbindungen zu deinen Organen, zu der zellulären Ebene, auch zu der DNS, sich das Bewußtsein deines physischen Körpers öffnet, weitet, dehnt und angeschlossen wird an die Kraft des Hohen Selbst, und verschmilzt mit deinem Hohen Selbst und eins ist mit deinem Hohen Selbst. Erkenne, daß das Kleid deiner Emotionen nun liebevoll genommen wird, ausgestaubt wird, die Löcher werden liebevoll genäht, und du wirst gefragt, ob du etwas davon ändern möchtest. Du hast nun die Möglichkeit, gemeinsam mit den Engeln der Reinigung und der Erneuerung, das Kleid zu verändern. Dafür lasse ich dir jetzt ein wenig Zeit.

*****

Nun ist dein Kleid so, wie du es jetzt möchtest. Dieses Kleid der Erfahrungen legst du nun um deinen Arm. Du mußt es nicht mehr anziehen, denn du bekommst jetzt von den Engeln ein anderes, neues Kleid, ein Kleid deines Hohen Selbst, das sich mit dem Bewußtsein deines physischen Körpers verbindet und Hohes Selbst, Liebe, ist.

Das Kleid deiner Erfahrungen kannst du mitnehmen, doch wie gesagt, du wirst es nicht mehr tragen müssen. Du bist frei von deiner Vergangenheit, frei von deiner Zukunft. Du bist unendliches Hier und Jetzt. Spüre dieses bewußte Sein, sei dieses bewußte Sein.

Und nun kehren wir zurück. Wir verlassen diese Ebene und kehren zurück zu dieser wunderbaren Erde, in dieses wunderbare Land, in diesen wunderbaren Ort, in diesen wunderbaren Raum, in deinen wunderbaren Körper.

Nun spüre nach. Spüre die Veränderung in deinem Sein, in deiner Wahrnehmung. Sei im Hier und Jetzt. Sei eins mit deinem physischen Körper, sei eins mit deinem emotionalen Sein, deinem Inneren Kind, eins mit deinem mentalen Sein, eins mit der Liebe deines Hohen Selbst, das du bist. Sei eins mit allem, was ist. Und spüre die darin enthaltene unendliche Freiheit.

Dies ist Gabriel. Nun genieße dein Sein.
Elohim Sabbaot Amen.

Verantwortung

Einer meiner früheren spirituellen Lehrer lehrte uns, daß Verantwortung für sich selbst zu übernehmen einfach nur heißt, der eigenen Seele zu antworten. Mit anderen Worten: Wir übergeben unserer Seele bzw. unserem Hohen Selbst die Führung über unser Leben und erlauben ihr/ihm, uns mit all unseren Körpern, mit unserem Ego, mit unserer Persönlichkeit als Werkzeug für ihre/seine Erfüllung zu nutzen.

Daß wir Verantwortung für unser Tun und unser Leben übernehmen sollen, ist natürlich nicht neu. Das zeigen uns viele verschiedene Schulen und Wege. Und dennoch fordert die geistige Welt uns immer wieder dazu auf.

Verantwortung zu übernehmen heißt auch, mich als Mitschöpfer, als Schöpfer meines Lebens, anzunehmen und mir die Fähigkeit zuzusprechen, es verändern zu können.

Selbst bei sogenannten positiven Erfahrungen in unserem Leben sprechen wir sehr oft von einem Zufall, einer göttlichen Fügung, oder wir sagen, daß wir einfach Glück gehabt hätten. Wir erlauben es uns nicht, zu sehen, daß wir der Schöpfer unseres Alltags sind. Bei Erfahrungen wie etwa Mißbrauch, um zu diesem Thema zurückzukehren, fällt es den wenigsten von uns ein, an ihre Mitschöpferkraft zu denken. Viel eher fühlen wir uns einem Schicksal ausgeliefert, das wir nicht bestimmen und nicht beeinflussen können. Dieses ist aber eine Illusion, denn es gibt nichts außerhalb der Mitschöpferkraft. Es gibt nichts in unserem Leben, das wir nicht ausgesandt hätten und das nun von außen in der erfüllten Form an uns zurückgeben wird.

Deshalb ist es wichtig, die Verantwortung für alle Bereiche unserer Lebens zu übernehmen. Ein wesentlicher Schritt dabei ist es, für keine Schöpfung Schuldgefühle zu entwickeln. Denn Schuldgefühle sind eine Energie der

Selbstbewertung, der Selbstbestrafung, die das System verengen, und dadurch kann die Mitschöpferkraft nicht kraftvoll, nicht zielgerichtet gelenkt werden. Das heißt, ich sende die Schuldgefühle aus, wodurch die Wahrscheinlichkeit ins Unermessliche wächst, daß ich mir wieder eine Situation schaffe, in der ich erst recht Schuldgefühle haben könnte, wenn ich welche haben wollte. Durch meine Schuldgefühle gebe ich Verantwortung ab und verharre in der Energie des „armen Würstchens".

Ich für meinen Teil habe erfahren, daß der Mißbrauch aus meiner Kindheit nur ein kleiner Teil der Grundenergie war, mich selbst zu mißbrauchen bzw. dieses zu erlauben, daß es jemand anderer tut, denn es gibt viele Formen des Mißbrauchs.

In vielen früheren Inkarnationen habe ich Mißbrauch erfahren, sexuellen Mißbrauch genauso wie den Mißbrauch meiner Kraft, meines Wissens, meiner Fähigkeiten, um hier nur einige Möglichkeiten zu nennen. Daraus entstand eine sehr ausgeprägte Opferenergie. Wie an früherer Stelle schon erwähnt, wertet das emotionale Sein nicht in „gute" oder „schlechte" Erfahrungen. Die Hauptsache ist, daß möglichst viel Energie dabei entsteht, die dem emotionalen Sein zur Verfügung gestellt wird.

Ich erzähle dir hier einfach einen Teil meiner Geschichte, damit ich es besser beschreiben kann. Es beeindruckte mein emotionales Sein einfach mehr, auf dem Scheiterhaufen verbrannt, physisch geschändet oder in der Löwengrube als Märtyrerin zu sterben, als die Inkarnationen, in denen ich zum Beispiel eine führende Position eingenommen hatte und meinen Männern befahl, in den Krieg zu ziehen, um andere zu töten. Mein emotionales Sein erhielt mehr Aufmerksamkeit, mehr Energie über meine Opferinkarnationen und meine Leidenserfahrungen als über meine Täterrollen. Dadurch entstand eine emotionale Grundenergie, die lautete: Bitte mißbrauche mich, bitte verletze mich, denn dann erhalte ich Aufmerksamkeit und Energie. Das war ein Spiel, das viele von uns spielten, weil es zu unserem Weg in die Dichte der Dualität gehörte. Nun lösen wir diese Dichte ja wieder auf und erinnern uns an unseren göttlichen Ursprung, und lösen somit auch diese alten Spiele und ihre Regeln wieder auf.

Wie dem auch sei, diese Grundenergie begleitete mich auch in diese Inkarnation. Abgesehen von dem Mißbrauch in meiner Kindheit habe ich immer wieder die Erfahrung gemacht, daß andere mich ausnutzen und meine Grenzen in anderen Bereichen meines Lebens überschreiten. Gut, ich bin eine übende Meisterin in der dritten Dimension, und so werden diese Erfahrungen, meiner Meinung nach, weniger.

Vor nun fast zwei Jahren begann ich zu husten und hatte immer wieder heftige Atembeschwerden, vor allen Dingen in der Nacht. Und auch sonst war mein Immunsystem so geschwächt, daß ich sehr anfällig wurde für Erkältungen und ähnliches. Ich hatte viel ausprobiert, machte viel Clearing, und dann lösten sich meine Disharmonien auf, um dann schwuppdiwupp wieder hochzukommen. Dann wurde mir bei einer Einzelsitzung gesagt, es sei kein Wunder, da ich meinen physischen Körper mißbrauchen würde. Ich würde ihm weder die Liebe noch die Zeit schenken, die er benötige. Und nun würde er immer wieder streiken. Es ginge darum, Verantwortung für meinen physischen Körper zu übernehmen.

Da wurde mir klar, daß ich das, was ich im Außen anprangerte, die Erfahrungen des Grenzenüberschreitens, selbst mit mir ständig wiederholte. Immer wieder forderte ich meinen physischen Körper auf, etwas leisten zu müssen, und hatte gute Ausreden dafür: die Kinder, die Klienten, der Haushalt etc. Und beachtete viel zu wenig die Bedürfnisse und Wünsche meiner physischen Hülle. Gut. Ich begann umzudenken und anders zu handeln, Schritt für Schritt; und der Husten begleitete mich lange, damit ich meine guten Vorsätze ja nicht so schnell vergessen würde.

Auch in unserem Umfeld kann ich viele Menschen beobachten, die aus verschiedenen Gründen ihre Verantwortung lieber weit von sich weisen und um keine Ausrede verlegen sind, warum jetzt schon wieder etwas nicht so funktioniert hat, wie es hätte können.

So bestätigte Hilarion in einer Einzelsitzung folgendes:

> Mißbrauch ist nicht nur ein Thema, das in deiner Kindheit stattgefunden hat, Mißbrauch ist auch eine Energie, die in dir selbst stattfindet, indem du dich selbst mißbrauchst und auch deine Fähigkeiten. Denn es ist eine Form des Selbstmißbrauches, wenn du dir nicht erlaubst, das Geld für deine Arbeit zu verlangen, das dir zusteht. Es ist eine Form des Selbstmißbrauches, dir nicht zu erlauben, erfolgreich zu sein. Erkenne, es geht Hand in Hand, daß wenn du zum Beispiel den Mißbrauch im Außen aus deiner Kindheit auflöst, du nicht umhin kannst, dir auch klar zu machen, wo du dich selbst mißbrauchst, und dieses Verhalten auch über Bord zu werfen, denn es ist die gleiche Grundenergie. Es ist für dein emotionales Sein relativ unwichtig, ob du von außen mißbraucht wirst, in welcher Form auch immer, denn auch die Form des Ausnutzens oder des Ausgenutztwerdens ist eine Form des Mißbrauchs. Oder ob du dich selbst mißbrauchst, und dabei ist es wichtig, daß du hier für dich beschließt, auch in der Kraft des Christus, der du bist, dich nicht mehr zu mißbrauchen und nicht mehr mißbrauchen zu lassen, und dieses als klare

Aussendung auf alle deinen Ebenen und Körper Raum nehmen läßt. Das ist wichtig und ein Grundstein dafür, daß du Mißbrauch auch im Außen verarbeiten, dich davon lösen kannst, denn wenn du tief in dir immer noch den Glaubenssatz hast: Ich erlaube es mir, mich selbst zu mißbrauchen, dann ist es nicht möglich, dieses im Außen aufzulösen. Deshalb ist es wichtig, daß du die Kraft des Christus nutzt, der du bist, um hier in deinem System durch die klare Entscheidung, dieses nicht weiter fortzuführen, Klarheit zu schaffen. Dann erlaube, daß diese Entscheidung, damit aufzuhören, auf allen Ebenen Raum nimmt, und beginne es auszustrahlen. Dadurch richtest du dein emotionales Kleid sozusagen anders aus. Wenn du ein Radio wärst, erlaube mir diesen Vergleich, wäre es, als ob du einen anderen Sender einstellen würdest. Natürlich ist es auch bei einem Radio so, daß es aus verschiedenen Gründen zu Verzerrungen kommen kann, zum Beispiel weil jemand bei dem Knopf, mit dem du die Frequenz einstellst, angekommen ist. Wunderbar, das nennt ihr Resonanz. Dann hast du aber die Möglichkeit, dieses als Resonanz zu erkennen und dich selbst wieder klar einzustellen.

Sehr oft wird Mißbrauch mit männlicher Energie gleichgesetzt, und dadurch hast du Angst, diese zu leben. Auch der Teil, mit dem du dich selbst mißbrauchst, ist der männliche Teil in dir. Dadurch erlaubst du dir in eine Art Lähmung zu gehen. Erkenne, daß Warten oder Lähmung ein Ausdruck der fehlgeleiteten Männlichkeit ist, denn Männlichkeit, die nicht gelebt wird, führt zu Erstarrung. Männlichkeit, die nicht gelebt wird, führt zu Depression. Deshalb ist es wichtig, über die Aussöhnung mit dem männlichen Prinzip nicht in den Fokus des Wartens zu kommen, denn Warten ist ein Ausdruck der Abhängigkeit. Und Abhängigkeit ist wiederum etwas, das erneute Abhängigkeit anzieht.

Hier geht es also um Freiheit, und Freiheit beginnt, indem du deine männliche Kraft befreist. Indem du deine Zielgerichtetheit und deine männliche Autorität annimmst. Du mußt nichts anderes tun als sie anzunehmen. Und anzunehmen heißt in diesem Fall Ja zu sagen, einfach verbal und laut Ja zu sagen und sie willkommen zu heißen wie einen Freund, denn sie ist ein Teil von dir. Die Angst wirst du verlieren, wenn du zu dieser Kraft Ja sagst, denn dadurch kannst du sie erkennen und beginnen, auch mit ihr Freundschaft zu schließen und sie zu lenken. Wenn du nicht Ja sagst, ist die Kraft dennoch da und sucht sich ihren eigenen Weg.

Die geistige Welt regt weiter an, daß wir, wenn wir zu sehr in unseren Leiderfahrungen festhängen, uns bewußt unseren „Täterinkarnationen" zuwenden sollten, um ein energetisches Gleichgewicht in unserem System herzustellen. Denn niemand von uns war immer nur das Opfer, jeder hat auch ausreichende Tätererfahrungen gesammelt. Sich den Täterinkarnationen zuzuwenden bedeutet nicht, daß wir sie wieder leben, sondern daß wir erkennen und akzeptieren sollen, daß wir beides sind bzw. waren: Opfer und Täter. Denn selbst wenn ich in der Opferrolle bin, lebe ich meine Täterschaft, indem ich den Täter im Außen (miß)brauche, damit ich mein Spiel überhaupt spielen kann. Das Heraustreten aus der Dualität, was im Zuge der Verankerung der fünften Dimension geschieht, heißt herauszutreten aus der Opfer-Täter-Ebene und zu erkennen, daß ich Seele bin. Dieses kann nur dann geschehen, wenn ich beide Teile, Opfer- und Tätersein, in mir angenommen habe. Und es scheint vielen von uns leichter zu fallen, das Opferbewußtsein anzunehmen, als den Täteraspekt in sich. Das zeigt sich auch darin, daß viele von uns Angst haben, ihre Kraft zu leben, denn sie könnten etwas falsch machen oder sie wieder für nicht-liebevolle Zwecke einsetzen. Diese Angst hält uns in unserer Passivität, in unserem Opfersein, gefangen. Nun geht es darum, unsere Angst und unsere Kraft anzunehmen, genauso wie den Mißbrauch, den wir mit ihr betrieben haben.

Dieses kann ganz einfach geschehen:

Entspanne dich, verbinde dich fest mit der Erde, verbinde dich mit deinem Hohen Selbst und werde eins mit der Erde, werde eins mit deinem Hohen Selbst.

Nun gehe mit deiner Aufmerksamkeit bitte in dein Herz. Spüre dort die Präsenz des Christus, der du bist. Lasse diese Kraft der Liebe nun hineinfließen zum Beispiel in deine Angst vor deiner Kraft. Nimm wahr, wo und in welchen Körpern diese Angst sitzt, und durchdringe sie mit der Kraft des Christus, bis sie eins geworden ist mit der Liebe und Liebe ist. Spüre der Veränderung nach in deinem System, lobe dich für die Bereitschaft der Annahme und schließe die Übung mit Erden und Zentrieren wie üblich ab.

Die Veränderung von Energien durch das Bestrahlen mit deiner Christuspräsenz kannst du mit allen belastenden Erfahrungen und auch mit anderen Menschen, mit denen du in Disharmonie bist, machen. Dann durchflutet deine Liebe eben nicht die Angst, sondern eine bestimmte Erfahrung oder eine bestimmte Situation oder auch eine andere

Wesenheit, bis diese eins geworden ist mit der Liebe des Christus, und du die Liebe auf allen Ebenen deines Daseins spüren kannst.

Indem wir unsere Kraft, was durch die Auflösung der Angst geschieht, die wir vor ihr haben, anerkennen, sagen wir auch Ja zu unserer männlichen, zielgerichteten Energie, von der Hilarion im vorherigen Channeling sprach. Als Folge davon können wir Einheit in die empfangenden und dynamischen Aspekte in uns bringen.

Den Ausgleich zwischen der Täter- und Opferenergie in unserem Sein beschrieb Hilarion über ein Bild:

> „Nimm das Bild des Schauspielers, der eine neue Rolle zugeteilt bekommt. Es ist so, als ob du nun lange Zeit immer ein Klischee verkörpert hättest und eigentlich sehr froh bist, nun ein anderes Angebot zu erhalten. Dies ist eine Rolle, die eine große Herausforderung für dich darstellt, weil du einfach so lange einen bestimmten Typ verkörpert hast, daß es für dich ganz neu ist, nun in eine andere Rolle zu schlüpfen, anders allerdings nur nach außen hin, denn die Essenz ist dieselbe. Du bist aber voller Begeisterung, daß man dir sozusagen erlaubt, dich in einem weiteren Spektrum darzustellen; daß man dir erlaubt, in einer weiteren Facette von dir erfolgreich zu sein. Erlaube dir, die Freude dieses Schauspielers, sich nun auf diese neue Rolle zu stürzen, wahrzunehmen. Es kann auch Spaß machen, eine autoritäre Großmutter zu sein, die von ihrem Stiefsohn fordert, seine Frau zu verlassen, weil sie diese Verbindung nicht will. Auch diese Rolle kann Spaß machen. Es ist ein Kräftemessen, es ist nichts mehr als ein Spiel mit Energien.

Das ist im übrigen auch etwas, was ihr von euren Kindern lernen könnt: Sie spielen mit den Energien. Sie bewerten nicht, wenn es einmal ein Gewitter gibt, wenn jemand schimpft oder tobt. Das ist für sie eine Erfahrung, bei der sie sagen: AHA! Nicht mehr und nicht weniger."

Dieses Bild nutzte Hilarion bei einer Klientin, die es gewohnt war, sich in dieser Inkarnation zu mißbrauchen bzw. mißbraucht zu werden. Das war die Rolle, die sie lange Zeit mit großem Erfolg auf Wiederholung gespielt hatte. Das neue Angebot, von dem Hilarion hier spricht, meint die Chance der Mitschöpferkraft, indem man zu den bisherigen Erfahrungen Nein sagt und es sich erlaubt, nun freudvolle, kreative und liebevolle Erfahrungen zu machen. Er bringt das Beispiel mit der Großmutter, um die Klientin aufzufordern, das Leben mit all seinen Aspekten nicht zu bewerten, sondern das Spiel, das kosmische Spiel, darin zu erkennen. Gleichzeitig möchte er sie anregen, ihre eigenen Täterschaften nicht länger zu bewerten und von sich zu schieben, sondern diese auch in der Freude am Spiel anzunehmen und zu ihnen zu stehen.

Wenn ich Verantwortung für alle Teile in meinem Leben übernehme, brauche ich keinen Schutz mehr. Es gibt dann nichts mehr, wovor ich mich fürchten müßte, denn ich weiß, daß ich Mitschöpfer bin, und kann diese Kraft zur Veränderung nutzen. Das heißt, wenn mir im Außen etwas begegnet, das mir zum Beispiel Angst macht, ist dieses nur aufgrund meiner eigenen Aussendung, meiner Resonanz, möglich. Durch die Verantwortung, die ich nun für mein ganzes Leben und für meinen Ausdruck übernommen habe, kann ich das erkennen und in der Folge verändern, indem ich das, was ich mental und emotional aussende, ändere und dadurch eine neue Realität erschaffe. Schutz erzeugt immer Widerstand, denn Schutz ist eine Energie der

Opposition, die ich gegen etwas einnehme, ist eine Bewertung und dadurch eine Trennung. Das Bedürfnis, sich schützen zu wollen oder zu müssen, wird im Laufe der nächsten Jahre immer weniger werden, denn wir sind auf dem Weg in die Einheit mit allem, was ist. Dieses geschieht durch Anerkennung. Der kosmische Mensch ist ein schutzloses Wesen, er braucht keinen Schutz, denn er ist mit allem einverstanden, was ist. Das ist auch Ausdruck der Christuspräsenz im tätigen Tun.

Befreien – Loslassen – Annehmen

Antan und ich arbeiten in unseren Einzelsitzungen und auch Seminaren sehr über den Aspekt des Clearings. Auch hier können wir eine sehr deutliche Veränderung spüren, die uns von der Energie des Trennens in eine Annahme bringt von allem, so wie es ist.

Vor über einem Jahr erhielten wir von Erzengel Michael folgende Botschaft:

Und dieses ist Michael.
Ich möchte euch folgendes sagen:

Ich bin die Kraft des Fließens. Ich bin die Kraft der Auflösung, ich bin die Kraft auch der Trennung, was getrennt werden muß, und hier bekommt Trennung einen anderen Aspekt. Und erkennt, daß es auch hier in euren Systemen oft ein Mißverständnis gibt, denn wie könnt ihr euch trennen von etwas, was ihr selbst seid? Dabei trennt ihr euch letztendlich von euch selbst. Also bitte, das, was ihr als Trennung nennt, bedarf einer Transformation. Und ich möchte, daß ihr es nicht mehr Trennung nennt, sondern Integration. Wann auch immer ihr zum Beispiel Verbindungen zu anderen Systemen löst und trennen wollt, weil diese für euch nicht mehr stimmig sind, dann trennt sie nicht mehr mit dem Flammenschwert, das ist die alte Energie. Sondern integriert sie durch die Kraft des Flusses. Erlaubt, daß diese Verbindungen, wenn ihr sie als solche bezeichnet, in euer System fließen dürfen, hier integriert und dann sozusagen ausgeschieden werden können. Dies ist ein sehr sanfter Weg. Um auch hier letztendlich zu klären, was das Ziel ist, aber ohne zu trennen, in der Kraft

der Integration. Dieses ist Michael und mein Lichtschwert lege ich um euch, meinen Mantel der Geborgenheit lege ich um euch, möge er euch behüten und ihr euch geborgen fühlen.
Dieses ist Michael.

Damals dachte ich mir: Ja, das klingt schon einleuchtend. Theoretisch konnte ich ihm zustimmen, aber praktisch hatte ich keine Ahnung, wie das funktionieren sollte. Ich konnte doch nicht zu einem Klienten, der sich zum Beispiel von seinem Partner getrennt hatte, der einen Neuanfang auf allen Ebenen erfahren wollte, der mich bat, mit ihm gemeinsam noch bestehende energetische Verstrikkungen zu lösen, sagen: Gut, atme die Verstrickungen und deinen ehemaligen Partner in dein System und dann atme ihn wieder aus. Vor allen Dingen konnte ich es dann nicht von ihm verlangen, wenn ich selbst nicht bereit war, zum Beispiel meinen Vater und die Erfahrungen mit ihm in mein Sein zu atmen. Denn ich hatte das Gefühl, ihn nun nicht mehr in meinem System wahrzunehmen und war also froh, ihn sozusagen endlich loszusein. Und nun sollte ich ihn wieder energetisch herholen und einladen. Nein, das konnte Erzengel Michael nun wirklich nicht von mir erwarten. Er hatte ja gut reden. Und ich vergaß schlicht und ergreifend diese Durchsage.

Seither ist einige Zeit vergangen, und nicht zuletzt wegen Kiria Deva, der atlantischen Kristallwesenheit (vgl. *Kiria Deva und das Kristallwissen von Atlantis* von Antan Minatti, 2001 Smaragd Verlag) und anderen Sternenwesen, die uns ihre Botschaften geben, verstehe ich jetzt mehr von der Kraft des Annehmens.

Vielleicht ist dir auch schon aufgefallen, daß die Durchsagen und Anregungen aus der geistigen Welt immer einfacher werden und sich in gewisser Weise wiederholen.

Auch in diesem Buch. Dennoch ist jedes Channeling wie eine andere Frequenz, und deshalb wirkt es in verschiedenen Systemen auf unterschiedlichen Ebenen. Bei uns allen, die wir hier auf dieser Erde im Moment inkarniert sind, geht es darum, uns an unser göttliches Sein zu erinnern und es bewußt zu leben. Es geht aber auch darum zu erkennen, daß dieses letztendlich ganz einfach und leicht ist. Und bis wir wirklich alle unsere Christuspräsenz angenommen haben und sie im Alltag verkörpern, werden sich die Botschaften der geistigen Welt wiederholen, denn sie unterstützen uns bei diesem Schritt.

So haben sich auch die Antworten der Meister, zum Beispiel von Hilarion, in den Einzelsitzungen im Laufe meiner Channeltätigkeit sehr verändert. Zu Beginn meines „Dienstes" waren es noch viel mehr Übungen, die durchkamen, um Muster oder Pastlife-Erfahrungen aufzulösen. Jetzt geht es immer mehr um das Annehmen mit Hilfe des Lichts und der Liebe des Hohen Selbst und es als Teil des eigenen Seins anzuerkennen. Durch dieses Annehmen geschieht eine Lösung, ein Loslassen. Somit sind Annehmen und Loslassen eins, und daraus erwächst das Bewußtsein des heilen Seins. Dabei ist es egal, ob es sich um physische oder emotionale Belastungen handelt, oder um Mißbrauch, die Auseinandersetzung mit einer Freundin oder ein leeres Bankkonto – der Weg ist immer derselbe: Annehmen – Loslassen – Heilsein.

In unserer Clearingsarbeit veränderte sich die Ausrichtung sehr stark. War es früher eher so, daß wir eine Blockade aus dem System nahmen und zum Beispiel durch Liebe ersetzten, entsteht nun ein fließender Kreislauf mit Hilfe des Atems. Der Klient atmet mit Hilfe von Energien aus der geistigen Welt Disharmonien aus und die transformierte Energie fließt mit dem Einatmen wieder zurück. Dabei haben sowohl das Bewußtsein des Klienten als auch des Therapeuten Einfluß auf die Intensität des Clearings.

Antan und ich verstehen Clearing als eine Begleitung. Als Einstimmung unterstützen wir den Menschen in der Bereitwerdung des Annehmens und helfen ihm, sich von energetischen Verengungen zu verabschieden, um den göttlichen Fluß in seinem System wieder auszudehnen. Sehr hilfreich dabei ist es, wenn der Klient sich wirklich mental entschieden hat, eine Disharmonie auf allen Ebenen loszulassen und auch bereit ist, seinen Alltag dementsprechend zu verändern, zum Beispiel indem er Gewohnheiten aufgibt. Sowohl die Entscheidung als auch die Umsetzung im alltäglichen Leben unterstützen wir, wenn der betreffende Mensch dieses möchte. Durch ein Clearing kann keine Verantwortung abgegeben werden. Es ist vielmehr so, als würden Weichen gestellt, die einer Freiheit Bahn schaffen, in den entsprechenden Bereichen anders als bisher zu handeln und zu leben.

In einem Seminar fragte eine Teilnehmerin die geistige Welt, was sie noch tun sollte, damit sie endlich in den finanziellen Fluß kommen könnte, den sie sich wünschte. Sie hatte schon so viel gelöst, geklärt und so weiter, und immer noch ließ der gewünschte Erfolg auf sich warten.

Die Frau erhielt folgende Antwort: Sie solle nichts mehr klären und tun, denn das Thema der finanziellen Enge sei energetisch bereits nicht mehr in ihrem System vorhanden. Indem sie aber glaubte, sie müsse vielleicht dieses oder jenes noch tun, würde sie immer wieder dieselbe Suppe aufwärmen, die gar nicht mehr ihre Suppe wäre.

Man gab ihr folgendes Beispiel:

Eine Frau trägt die Erfahrung des Geschlagenwerdens, also des Mißbrauchs, in sich. Gut, sie macht verschiedene Klärungen, und im emotionalen Bereich ist der Mißbrauch dann irgendwann auf allen Ebenen aufgelöst, diese Erfahrung ist nicht mehr gespeichert. Das heißt, sie kann diese Erfahrungen auf allen Ebenen loslassen, sie müßte sich weder daran erinnern noch es wiederholen. Die Frau weiß es, denn es wurde ihr gesagt. Die Frau geht nach Hause und nimmt eine Zeitung zur Hand, in der etwas über die Gewalt an Frauen steht. Nun beginnt sie darüber nachzudenken, sie findet es furchtbar, sie findet es schlimm, setzt sich damit auseinander und denkt: Ja, genauso ist es mir auch ergangen. Und: Ja, wie gut kann ich das verstehen, wie es dieser Frau jetzt geht, was sie durchmachen muß etc. Dadurch hält sie mental die Energie des Mißbrauchtwordenseins fest, auch wenn es von ihrer emotional energetischen Ausrichtung nicht mehr nötig wäre, weil sie geheilt ist.

In diesem Fall ist mentale Achtsamkeit von Wichtigkeit, damit der neue Weg, der bereits angelegt wurde, von ihr gegangen werden kann. Es reicht nicht aus, sich nur reinigen zu lassen und nicht bereit zu sein, Verantwortung für das eigene Leben zu übernehmen und sich ändern zu wollen. Jedes Clearing bewegt etwas und gibt dir die Chance, dich als heiles Sein anzuerkennen, doch es obliegt deiner mentalen Meisterschaft, ob du dieser Veränderung auch erlaubst, in deinem Alltag für dich spürbar zu sein.

Auch ich erfuhr schon Clearings, die auf der dreidimensionalen Ebene nicht sofort sichtbar waren. Nicht, weil sie nicht „gut“ waren, sondern weil ich noch nicht bereit war, bei dem betreffenden Thema meine Opferhaltung aufzugeben und anders zu denken und zu handeln. Genauso erlebte ich Clearings, wo physische Schmerzen innerhalb weniger Minuten verschwanden.

In dem folgenden Gespräch zwischen Hilarion und einer lieben Freundin von uns spricht er über die Kraft der Annahme und das Prinzip des Loslassens, das ich zur Ergänzung gerne mit dir teilen möchte:

Frage: Wie kann ich zum Beispiel (finanziellen) Mangel annehmen?

Hilarion: Erkenne, es geht hier darum, daß du nicht dagegen kämpfst, sondern daß du hier Ja sagst zum Mangel, daß du dadurch Ja sagst zu dir, so wie du im Moment bist. Dadurch schaffst du eine Energie des Einverstandenseins, und dadurch kannst du verändern. Du erschaffst dir selbst Handlungsspielraum. Erkenne, daß dieses Annehmen geschieht, indem du zum Beispiel die offene Rechnung mit der Liebe deines Hohen Selbst bestrahlst, aus der Ebene deines Herzens heraus. Dadurch findet Einverstandensein statt. Einverstandensein ist nicht schwierig, ist nicht kompliziert. Auch Bewertungen kannst du annehmen, indem du etwa sagst: Gut, hier ist ein Teil in mir, der bewertet, „und diesen Sätzen", diesem Teil, deinem mentalen Sein, auch die Liebe deines Hohen Selbst zur Verfügung stellst und diese hineinstrahlst. Dadurch erschaffst du hier einen Handlungsspielraum für dich, in dem du, wenn du diese Gedanken hast, auch klar „Stop" sagen kannst, „jetzt nicht". Dann richte dich ganz bewußt auf die Ebene aus, auf der du dich zum Beispiel erinnerst, daß du etwas sehr gut gemacht hast, daß du sehr erfolgreich warst. Dieses kann in einem anderen Bereich gewesen sein, in einem wirtschaftlichen zum Beispiel Denn die Energie des Erfolgs ist dieselbe, ob du sie im spirituellen oder im wirtschaftlichen Bereich lebst. Deshalb kannst du die Energie des Erfolgs, den du erfahren hast, auch ins Hier und Jetzt bringen, indem du dich daran erinnerst und dir erlaubst, das Gefühl des Erfolgreichseins zu spüren. Es geht hier darum, daß du doppelgleisig fährst, wenn du mir dieses Bild erlaubst. Auf der einen Seite, indem du dem bewertenden Teil auch seine Berechtigung läßt. Dadurch schließt du mit ihm Frieden, und dadurch wird er ruhiger werden. Dieses geschieht durch das Bestrahlen mit deinem Hohen Selbst. Auf der anderen Seite erinnerst du dich bewußt an die Situation des Erfolgreichseins und läßt diese Erinnerung auch emotional ausstrahlen in deinem System. Dadurch stärkst du auf der einen Seite das Bewußtsein des Erfolgs, gehst aber auf der anderen Seite nicht in Kampf mit dir selbst und Aspekten von dir, sondern schließt hier Frieden. Letztendlich wirst du dann irgendwann den Punkt erreichen, an dem Einheit entsteht und sich diese beiden Pole, die am Anfang aussehen als wären sie Gegensätze, treffen, eins werden und als eine Energie an einem Strang ziehen.

Frage: Nun geht es um das Thema „Loslassen". Ich habe mich nach einer Einzelsitzung phantastisch gefühlt, aber dann habe ich eine männliche Stimme gehört, und schwups bin ich wieder im alten Muster drin gewesen? Warum?

Hilarion: Weil du den alten Film nicht wirklich verändert hast. Es geht dir gut nach dieser Sitzung zum Beispiel, weil es dir einfach gut tut, daß du Zuwendung erfahren hast, daß du Verständnis erfahren hast, daß du das Gefühl erfahren hast, jemand hat mit dir gearbeitet oder du hast mit jemanden gearbeitet, denn natürlich arbeitest du ja auch mit, und dennoch läßt du das Zipfelchen Polster, das dieses Thema für dich darstellt, nicht aus. Ihr habt zwar schön das Polster ausgeklopft, ihr habt die Federn etwas harmonischer verteilt, ihr habt vielleicht auch einen neuen Bezug übergezogen, dennoch hältst du das Polster fest. Deshalb bringen viele Sitzungen und Übungen zwar ein Stück Befreiung, doch die eigentliche Befreiung findet erst statt, wenn du das Polster losläßt. Dieses bedeutet nicht, daß die Wesenheit, bei der du diese Sitzung gemacht hast, nicht gut arbeitet, das möchte ich nicht sagen. Der Therapeut kann dich letztendlich nur so weit führen, wie du ihn läßt.

Frage: Warum ist Loslassen so schwierig?

Hilarion: Das Schwierige am Loslassen ist, daß ihr glaubt, daß es schwierig ist. Und daß ihr diese Prägung über das morphogenetische Feld immer wieder aufnehmt. Erkenne, wenn du loslassen willst, ist es einfach, als würdest du ein Tuch in der Hand halten, die Finger öffnen und es fällt. Du wirst mir zustimmen, das ist nicht sehr schwierig. Und warum sollte es schwieriger sein, eine emotionale Belastung, bei der es auch um das Loslassen geht, fallen zu lassen als ein Tuch?

(*Zwischenkommentar*: Weiß ich nicht, aber es ist so!)

Hilarion: Es ist so, weil ihr es glaubt. Weil ihr so etwas prägt zum Beispiel durch den Satz: Weiß ich nicht, aber es ist so!. Erkennst du, wie wichtig es ist, daß hier ein Umdenken stattfindet, nicht nur in dir, sondern kollektiv und global?

Und dieser Umdenkungsprozeß ist auch im Gange.

Und noch etwas: Es ist schon viel leichter, loszulassen als vor fünf Jahren, als vor zehn Jahren, und so wird es weitergehen, bis ihr wirklich alle davon überzeugt seid, daß ein Tuch loszulassen nicht einfacher oder schwieriger ist, als eine emotionale Belastung loszulassen. Auch auf der physischen Ebene, denn auch die Körperebene ist nichts Festes, ist fließende Energie. Also ist es auch hier möglich, Disharmonien genau so schnell loszulassen, fallen zu lassen, wie das Tuch aus deiner Hand.

Frage: Warum habe ich solche Angst, erfolgreich zu sein?

Hilarion: Nun, wir könnten dieser Angst mehrere Namen geben. Doch erkenne, daß letztendlich Angst, wie ich sagte, mit dem Ego verbunden ist, und wir können das ganz einfach reduzieren, daß das Ego nicht bereit ist, sich zu verändern.

(Zwischenkommentar: Meinst du, daß es seine alten Dramen weiterspielen möchte?)

Hilarion: Natürlich! Ich finde, Egos gehören gelobt. Sie sind perfekt in ihrer Ausführung. Erkennt, daß es eure Egos - oder anders ausgedrückt: das schillernde Ego, wie es hier auf der Erde existiert - sonst nirgendwo in diesem Universum gibt. Das ist eine Leistung, das ist eine Meisterschaft! Dennoch geht es nicht darum, diese Meisterschaft gegen euch zu verwenden, sondern es geht darum, diese Meisterschaft zu nutzen, um für euch und für das Leben und für das göttliche Prinzip zu sein.

Lachendes Clearing

Viele spirituelle Lehrer und Wesenheiten aus der geistigen Welt erinnern uns immer wieder an die befreiende Kraft des Lachens. Sie sagen, daß es besser ist, sich selbst täglich mit verbissenem Gesicht im Spiegel zuzulächeln, als es überhaupt nicht zu tun. Als Nachsatz meinen sie oft, daß wir, wenn wir uns mit zusammengekniffenen Lippen aus dem Spiegel entgegensehen, ohnehin lachen müßten.

Als ich vor vielen Jahren an einer „Regenbogen-Lichtarbeiter-Ausbildung" teilnahm, machte Uriel mit uns eine Lachmeditation, indem er uns aufforderte, alle unsere Ängste und Begrenzungen vor uns hinzulegen und über sie zu lachen. Anfangs wirkte es ein bißchen gekünstelt, doch irgendwann konnte man nicht anders, als wirklich mitzulachen. Es war sehr ansteckend.

Immer wieder bittet uns die geistige Welt, daß wir selbst über unsere Kreationen lachen sollten. Ich gestehe, daß ich das sehr oft vergesse und es nicht immer auf Anhieb funktioniert. Ich gestehe weiter, daß ich über den Mißbrauch in unserer Familie auch noch nicht oft gelacht habe. Dennoch ist es wichtig, uns immer wieder darin zu üben, denn lachen erleichtert und erlichtet unser alltägliches Leben sehr und richtet uns aus auf unseren göttlichen Ursprung.

Auch Osho forderte seine Schüler immer wieder auf, über ihre Kreationen, über sich selbst, über das Spiel der Dualität zu lachen.

Ich denke, es ist eine wahre Meisterschaft, über sich selbst und sein Leben zu lachen. Lachen öffnet das System, und dadurch können disharmonische Energien leichter abfließen. Deshalb wirkt Lachen so befreiend.

Andonella von Andromeda gab uns in einem Channeling folgende Informationen zu diesem Thema:

Die Kraft des Lachens ist eine nicht zu unterschätzende und transformierende Kraft. Das kosmische Lachen ist ein Bewußtsein und wird verankert durch das Tun, durch das Sein, durch das Leben. Dies geschieht durch wiederholtes Einschwingen auf diese Ebene. Viele Lichtarbeiter sprechen von Leichtigkeit und versinken in der Schwere der Terminkalender, in der Schwere der finanziellen Belastungen, in der Schwere ihrer mitmenschlichen Beziehungen und dergleichen. Es geht darum, daß die Leichtigkeit auch diese Bereiche durchdringen darf, und auch hier geht es um Bewußtseinsschulung.

Das kosmische Lachen ist eine Schwingungsebene, ein Bewußtsein, eine Energie der Leichtigkeit. Diese Schwingungsebene ermöglicht eurem Sein, Leichtigkeit auf allen Ebenen zu verkörpern. Seht in euch hinein und um euch herum. Das, was ihr seht, hat das mit Leichtigkeit zu tun? Das Drama, die Schwere, steht hier meist noch im Vordergrund. Hier geht es darum, Vorreiter zu sein im Bewußtsein der Leichtigkeit, durch die Anbindung an die Ebene des kosmischen Lachens. Diese Anbindung ist eine zielgerichtete Aussendung und die Bereitschaft, dieses im Alltag umzusetzen, dieses durch euch fließen zu lassen. Fließen lassen beinhaltet Leichtigkeit. Wie sehr strengt ihr euch oft an, wenn ihr aufgefordert werdet, euch mit Ebenen zu verbinden, es geschehen zu lassen, es fließen zu lassen. Dabei gibt es nichts zu tun, was einer Anstrengung gleichkommt, im Gegenteil. Das kosmische Lachen ist eine Energie der Leichtigkeit, die euch hilft, euch selbst auf der Ebene eures Bewußtseins zu durchlichten, und das bedeutet, daß ihr immer mehr zu Meistern eures täglichen Spieles werdet, und zwar in einem sehr bewußten Ausmaß, mit sehr viel Freude, mit sehr viel Lachen und mit sehr viel Kreativität. Auch das ist ein Teil des kosmischen Lachens.

Seid in der lachenden Liebe. Liebe ist etwas Lachendes. Für das Lachen, für die Leichtigkeit bedarf es einer klaren Entscheidung. Es darf eine Sehnsucht deines Herzens sein. Diese Sehnsucht signalisiert die Bereitschaft, daß du offen dafür bist, für den Empfang des kosmischen Lachens. Viele von euch sagen: „Ja, ja, ich will es", aber in ihrem tiefsten Inneren halten sie fest am Groll, halten sie fest an allen möglichen Erfahrungen, die hier Schmerz- und Leid-Energien ankern, weil es ihnen einfach so vertraut ist, daß sie es selbst nicht bemerken. Das heißt, du darfst hier achtsam sein mit dir und deiner Bereitschaft. Stimme dich ein auf das kosmische Lachen.

Gott lachte in sich hinein, als er die Erde schuf. Es war der Aspekt des Lachens, der die Seelen dazu bewog, sich aus der göttlichen Einheit zu lösen, um Erfahrungen zu sammeln. Deshalb kannst du dich hier einstimmen auf das kosmische Lachen und es einfach durchlaufen lassen durch dein System. Hier kommt die Kraft des Annehmens wieder zum Tragen, denn wir können die Energien letztendlich nicht in dein System einspeisen, wenn du „dicht" machst. Deshalb ist auch das wieder eine Bewußtseinsarbeit, die angebunden ist an deine Bereitschaft, an deine Offenheit, an deine klare Zielgerichtetheit. Nutze auch dreidimensionale Hilfsmittel für dich, erinnere dich an

Situationen deines dreidimensionalen Seins, in denen du sehr glücklich warst, wo du sehr gelacht hast, wo du sehr in einer Fröhlichkeit warst, in einer Freude, und das sind Erfahrungen - da du sie in der dritten Dimension gemacht hast -, die deinem jetzigen Sein näher stehen als dieses kosmische Lachen. Deshalb arbeite hier auf zwei Ebenen oder spiele hier auf zwei Ebenen, um diesen Begriff des Arbeitens aus eurem Sprachgebrauch etwas herauszunehmen, weil er einfach gewisse morphogenetische Schwingungen hat, die nichts mit Leichtigkeit zu tun haben. So laß uns ab jetzt den Begriff Spiel benutzen, wenn wir das meinen. Und es geht hier darum, auf zwei Ebenen das Bewußtsein des Lachens zu verankern - über das kosmische Lachen, und über die lachende Erfahrung deiner jetzigen Inkarnation, die beide in deinem physischen Körper gespeichert sind. Über das Erwecken dieser Erfahrungen in deinem physischen Körper öffnest du ihn auch für die Energie, die ich kosmisches Lachen bezeichne, und so kann diese viel leichter im Alltag als Grundenergie mitfließen. Es geht auch darum, daß du dich bereits morgens auf dieses Lachen, auf diese Leichtigkeit einstimmst, und du wirst erkennen, wenn du das regelmäßig machst, es in deinem Sein sehr schnell freudvolle und spielerische Früchte tragen wird. Ich möchte euch zurufen: Spielt! Spielt das Spiel des Lebens in Freude und in der Qualität des Lachens!

Die Kraft des Lachens ist eine Schwingung, die ihr in einer Farbschwingung in Gelb/Orange-Tönen übersetzen könntet. Die Energie des Lachens ist aber mehr als das.

Die geistige Welt bat uns auch, unsere Einstellung zur Heil- und Energiearbeit zu verändern. Sie darf leicht und freudvoll sein. Ich muß zum Beispiel immer lachen, wenn das Blaue Volk uns nach Erdheilungsaufgaben bittet, nun doch ein bißchen zu feiern und zu tanzen, und die Menschen in der Runde dann gerade mal beginnen, sich leise ein bißchen sanft hin und her zu wiegen. Wenn wir die Verantwortung abgeben, laufen wir davon, und das Häufchen, das zum Beispiel eine Disharmonie gewesen ist, wird zu einem großen Berg. Wenn wir stehen bleiben und den Berg anlachen, wird er wieder zu dem Häufchen, das er ursprünglich war.

Und es ist noch gar nicht lange her, da hat uns die geistige Welt daran erinnert, daß Buddha immer lächelte. Das ist ein Hinweis für uns auf die Verkörperung des Christus, der wir sind in unserem alltäglichen Sein.

Versöhnung mit der Materie

Lange Zeit glaubte ich, es sei wohl ein Versehen gewesen, daß ich hier auf dieser Erde gelandet bin. Diese Überzeugung hegte ich tief in meinem Inneren bis zu einem Seminar, bei dem ich starken Heuschnupfen hatte. Die Leiterin sprach mich darauf an und meinte, dieses Problem hätte sie auch sehr lange begleitet, und das Muster dahinter wäre der Glaubenssatz: Ach, ich bin zu gut für diese Welt.

Die geistige Welt gab mir einige Anregungen, wie ich mich mit den Elementen aussöhnen könnte, um die Materie allmählich anzunehmen. Sie machte den Vorschlag, ich solle mich je eine Woche intensiv mit einem der Elemente - Feuer, Wasser, Luft und Erde - auseinandersetzen, also mich mit ihnen verbinden und sie kennenlernen. Ich übte mich in verschiedenen Varianten der Erdung, und meine allergischen Reaktionen gingen zurück.

Viele von uns haben sich sehr leidvolle Inkarnationen auf dieser Erde kreiert und glauben, überall anders sei es schöner, leichter und lichter als auf diesem Planeten. Wie mir vor kurzem klar geworden ist, ist es eigentlich Mißbrauch, einen anderen Menschen dafür zu benutzen, um eine Erfahrung des Schmerzes in der dritten Dimension zu machen (zum Beispiel sexueller Mißbrauch), nur um mich selbst in meiner Überzeugung, daß die dritte Dimension leidvoll ist, zu bestätigen. Dies gab mir eine wunderbare Ausrede dafür, wie richtig es doch war, nicht auf dieser Erde sein zu wollen.

Die Ablehnung von Materie kann viele Gesichter annehmen: Finanziellen Mangel, physische Disharmonien, Diätenwahn, Energielosigkeit, Armes-Würstchen-Syndrom, keine Lebenslust und -freude, Askese und Enthaltsamkeit, um auch hier nur einige zu nennen.

Materie und alle Geschenke, die wir von der Erde erhalten, stehen für das weibliche Prinzip, für die Mutter, für das Nährende, für das Vertrauen, für die Stabilität im Leben, für das Gebärende und somit auch für unsere Mutterbeziehung und für die Beziehung zu unserem physischen Körper. Wenn wir die Genüsse, die uns die Erde bietet, ablehnen, um ein Beispiel zu nennen, können wir uns auch an unserem physischen Ausdruck nicht wirklich erfreuen. Der spirituelle Weg ist meiner Meinung nach nichts Abgehobenes, sondern führt dich direkt in die Liebe zur Materie hinein. Im Fischzeitalter haben viele von uns geglaubt (und es auch gelebt), daß es wichtig sei, nicht zu essen, keine Sexualität zu leben, arm zu sein. Doch keine dieser Entsagungen hat uns wirklich in die Erleuchtung geführt, denn es war ein Weg der Trennung.

Erleuchtung ist für mich das Bewußtsein, mit allem eins zu werden – auch mit den Freuden und den Schönheiten der Materie und des physischen Lebens. Deshalb geht es für mich darum, uns zu üben, alles und jedes Wesen anzunehmen so, wie es ist: Vegetarier oder Fleischesser, Raucher oder Nichtraucher, Handybesitzer und Mikrowelle, Plastikbecher und Holzfenster. Es gibt nichts, das besser oder spiritueller wäre als das andere – wir sind alle eins und mit allem verbunden, was ist.

In einer Channel-Fragerunde sagte die geistige Welt einmal, daß jeder von uns auch die Institutionen ist, wie zum Beispiel die Krankenkasse und das Finanzamt. Es hätte keinen Sinn, auf diese Einrichtungen zu schimpfen und darauf zu warten, bis sie sich ändern würden. Wir müßten das Finanzamt in uns selbst erneuern. So ist es auch mit Kühlschränken, Handymasten, Autos und sonstigen Spielereien auf dieser Erde – alles ist ein Teil von uns. Annehmen heißt, nicht in Resonanz zu gehen. Sobald ich beginne, zu begründen, warum ich dieses lieber tue als jenes, bin ich in der Wertung.

In einem Seminar fragte eine Teilnehmerin einmal, wie sie es denn ausdrücken könne, ohne zu werten, und gab folgendes Beispiel: Ein Freund fragt sie, ob er besser ins Café A oder ins Café B frühstücken gehen sollte. Er möchte ihre Meinung wissen, wo sie denn heute morgen gefrühstückt hat. Ihre erste Antwort wäre gewesen: „Ich bin im Café B gewesen, weil mir dort der Kuchen so gut schmeckt." Durch das „weil", wird diese Aussage bereits zu einer Wertung. Eine weitere Möglichkeit der Beantwortung wäre: „Ich war im Café B." Das ist eine klare Aussage, ohne Wenn und Aber, ohne Begründung, ohne Rechtfertigung.

An diesem einfachen Beispiel erkennen wir, wie schnell wir alle in der Bewertung sind. Dennoch ist es wichtig, auch die Bewertung von der Wertung zu nehmen, das heißt, hier kein Gefühl des Sichschlechtfühlens entstehen zu lassen, nur weil man sich oder andere bei wertenden Ausdrücken ertappt. Auch der wertende Teil in uns kann liebevoll angenommen werden. Es geht nur darum, achtsam zu sein und diesen Aspekt in uns zu entdecken, denn dadurch kann ich ihn dann Schritt für Schritt in Leichtigkeit verändern.

Wir alle sind kosmischer Mensch, zwar noch ein bißchen in den Babyschuhen, aber so wie unsere Kinder schnell wachsen, werden wir das auch tun. Für den kosmischen Menschen ist es kein Problem, sich von Licht zu ernähren, aber er wird es aus Freude tun, wenn er es tut, nicht als Ablehnung der Materie.

Unsere Kinder sind neugierig, entdecken und probieren gerne aus. Sie lieben die Äste und Tschurtschen (= Tannenzapfen) im Wald genauso wie Bauklötze aus Plastik, Teletubbies aus Plüsch und Computerspiele. Sie werten nicht – das tun wir Erwachsene, und prägen sie dadurch. Deshalb ist es wichtig, hier achtsam zu sein und uns immer mehr an die Einheit zu erinnern, auch mit Teletubbies und Computerspielen.

Hilarion sagte uns:

Erkennt, es ist wichtig, Gaia nicht als begrenzt zu sehen. Gaia ist lebendig, nicht starr und fix, sondern verändert sich laufend. Jeder Gedanke verändert Gaia in ihrer Struktur und in ihrem Bewußtsein. So wie sich die Menschen untereinander durch Gedanken und Emotionen beeinflussen, so tut ihr dieses auch mit Gaia.

Deshalb ist es so wichtig, auf unsere Gedanken zu achten: Glaubst du, daß Gaia krank oder hart zu den Menschen ist – so wird sie es auch für dich sein. Wenn du überzeugt davon bist, daß dieses ein wunderbarer Planet der Leichtigkeit, der Freude, der Liebe, der Gesundheit ist – wird dieses deine Erfahrung sein. Denn du bist der Schöpfer deines Lebens, und somit auch von Gaia, die Teil deines Lebens ist.

In den Einzelsitzungen fragen die Menschen immer wieder nach ihrer Aufgabe in dieser Inkarnation. Wir glauben, wenn wir den Sinn unseres Lebens kennen, würde es uns leichter fallen, hier zu sein.

Erzengel Gabriel hat dazu folgendes gesagt:

Erkennt, daß auch der Glaube an eine Seelenaufgabe eine lineare Beschreibung ist, die ihr erdenkt durch die Erfahrungen, die ihr mitbringt. Eine Seele braucht keine Erfahrungen zu machen, sie ist alle Erfahrungen ohne Identifikation, die es jemals gegeben hat und geben wird. Du kannst alles machen, worauf du Lust hast, und kannst dadurch alles auch zu deiner Seelenaufgabe machen. Das ist die Freiheit der Quelle.

Viel zu sehr gehen wir noch davon aus, daß es jemanden, zum Beispiel die Seele, außerhalb von uns gibt, der sagen könnte, was wir zu tun oder zu lassen hätten. Das Geschenk dieses Glaubenssatzes ist, daß wir Verantwortung abgeben können. Aber die Seele und der Seelenplan existieren in mir; ich bin Ausdruck von Seele in der dritten Dimension durch und durch. Deshalb ist alles, was ich tue, ein Teil des Seelenplans, wenn ich es möchte.

Es gibt noch einen weiteren Aspekt, warum die Frage nach dem Seelenplan irrelevant ist. So wie es unendliche Optionen gibt, wie die Zukunft sich gestalten kann, es keine feste, fixe Zukunft gibt, so hat jeder von uns auch viele verschiedene Seelenplanmöglichkeiten in sich. Wenn in einem Channeling auf den zukünftigen Weg und Ausdruck eingegangen wird, so geschieht dies aufgrund der im Moment vorherrschenden Tendenz des Menschen, der uns gegenübersitzt. Wenn wir aufhören würden, immer nach dem Sinn mit einem Warum zu bohren, wäre, wie ich meine, unser Leben viel leichter. Wir selbst und all unser Sein und Ausdruck sind der Sinn – wir müssen nicht nach einem Warum fragen.

Hilarion machte uns auch darauf aufmerksam, daß, wenn wir zum Beispiel bei physischen Disharmonien nicht mehr nach dem tieferen Sinn fragen würden, Krankheiten viel schneller aufhörten zu existieren. Durch die Suche (und auch das Finden des Warum) geben wir ihnen einen Sinn, eine Daseinsberechtigung, und deshalb wiederholen wir diesen Sinn, diese Krankheiten. Wenn wir ihnen keinen Sinn geben, kein Warum beantworten, hören sie auf zu existieren.

Das bezieht sich auch auf leidvolle Erfahrungen. Solange wir ihnen Sinn geben, werden sie sinnvoll sein. Deshalb ist der beste Weg, über sie zu lachen und sie nicht zu ernst zu nehmen, so wie wir dieses Spiel der Dualität und uns selbst nicht zu ernst nehmen sollten.

Eine Begegnung mit Mutter Erde

Die Erde ist deine Mutter, deine Schwester, deine Tochter, deine Freundin. Die Erde ist ein Teil von dir, und du bist ein Teil von ihr. Je klarer die Kommunikation mit ihr ist, umso leichter fällt es dir, Entscheidungen zu treffen und deinen Weg des Herzens in Liebe und Leichtigkeit zu gehen. Mit der nächsten Übung möchte ich dich anregen, in den Austausch mit der Erde zu treten, um Freundschaft mit ihr zu schließen.

Wenn du möchtest, schalte dir eine angenehme ruhige Musik ein und zünde dir eine Kerze an. Mache es dir bequem. Schließe die Augen und atme alle Gedanken, alle Erlebnisse aus und atme Frieden und Gelassenheit ein. Atme dich in die Verbindung zur Erde und atme die Kraft und die Liebe der Materie ein. Atme dich in die Verbindung mit deinem Hohen Selbst und atme das Licht und die Weisheit deines Hohen Selbst ein.

Gehe mit deiner Aufmerksamkeit zu deinem Herzen und stelle es dir als leuchtend grün-goldenen Raum vor. Richte dir diesen Raum ein, wie du es möchtest. Genieße ihn und atme tief ein und aus. Lade dein Inneres Kind ein, dich bei deiner nächsten Reise zu begleiten.

Nun nimm eine Tür wahr, die dich in einen blühenden Garten führt, und gehe hinaus. Spüre, rieche und schmekke das Gras und die vielen, bunten Blumen. Höre die Vögel zwitschern und berühre die Erde und die Pflanzen mit deiner Hand. Komme ganz in deinem Garten an. Vielleicht siehst oder spürst du auch die Elfen und die Zwerge, die auf der Wiese tanzen.

Erlaube, daß ein großer, starker und mächtiger Baum deine Aufmerksamkeit auf sich zieht, und gehe auf ihn zu. Begrüße ihn und berühre seine Rinde mit deiner Hand. Wenn du möchtest, kannst du ihn auch umarmen oder dich mit deinem Rücken an ihn lehnen und seine Kraft und Stabilität spüren.

Erkenne nun, daß dieser Baum eine Tür hat, die sich leicht öffnet, damit du hineintreten kannst in das Innere des Baumes. Dort ist es angenehm warm und viel geräumiger, als du dir dieses vielleicht vorgestellt hast. Du siehst die Wurzeln, die wie gut ausgestattete Gänge tief hinein in die Erde führen. Wähle dir nun eine Wurzel, einen Gang, aus, durch den du weiter in die Erde gehen möchtest. Auf deiner Reise in das Erdinnere durchdringt dein Weg verschiedene Gesteins- und Erdschichten, und wenn du achtsam bist, kannst du Unterschiede in der Energie, in der Beschaffenheit, bemerken. Vielleicht nimmst du auch die Anwesenheit von vielen Zwergen und Erdwesen des kleinen Volkes wahr, die dich begleiten.

Nun führt dich dein Wurzelgang in den Erdmittelpunkt. Auch hier ist es sehr geräumig und gemütlich. In der Mitte brennt ein Feuer, das Wärme und Licht spendet. Sieh dich um und suche dir einen Platz, wo du dich wohlfühlst und dich niederlassen möchtest. Nachdem du dich gesetzt hast, kommt eine wunderschöne Frau mit einem Sternenkleid auf dich zu und spricht zu dir: „Ich bin Gaia. Ich freue mich, daß du meiner Einladung gefolgt bist. Sieh das Funkeln meines Kleides, das Sternenwissen, das darin enthalten ist. Dieses möchte ich von nun an mit dir teilen. Ich kann mein Aussehen auch verändern und jede Form annehmen, die du möchtest, damit wir miteinander in Leichtigkeit und Freude kommunizieren können.“ Und vor deinen Augen verwandelt sich das Sternenwesen Gaia zu einer alten, weisen Frau. Du kannst entscheiden, in welchem Ausdruck dir Gaia jetzt begegnen soll: als alte Frau, als Sternenwesen, als junges Mädchen, als kraftvolle Frau, eher üppig oder zart. Sie setzt sich zu dir, und ihr habt nun ein bißchen Zeit, euch kennenzulernen, euch auszutauschen und euch zu unterhalten.

Nach einer Weile lädt Gaia dich ein, ins Erdfeuer zu treten, und auch bei diesem Feuer brauchst du keine Angst haben, es verbrennt dich nicht. Sie bittet dich nun, die Energie zu nutzen, um alle Ängste, alle Widerstände gegen diese Inkarnation, gegen die Erde hinauszuatmen. Sie bittet dich, mit Hilfe deines Atems aus allen Ebenen deines Seins loszulassen: die Erfahrungen des Mißbrauches deines physischen Körpers und deiner weiblichen oder männlichen Kraft. Gaia bittet dich, Energien des Verlassenwordenseins und des Verhungertseins auf allen Ebenen deines Seins hinauszuatmen und der transformierenden Kraft des Erdfeuers zu übergeben. Erlaube nun dem Erdfeuer, alle deine Körper und Chakren zu durchdringen und all die Belastungen herauszulösen, die der liebevollen Annahme der Materie im Wege sind und sich jetzt transformieren dürfen. Unterstütze dieses wiederum mit deinem sanften, tiefen Atem. Nimm die Leichtigkeit und die Freiheit wahr, die jetzt in deinem Sein Raum genommen haben.

Nun atme aus dem Erdfeuer die transformierte Energie in deine Körper und Chakren zurück Tanke dich voll mit der Liebe der Materie zu dir und deiner Liebe zu ihr. Tanke dich voll mit dem Vertrauen, das Gaia in dich hat, und mit dem Vertrauen, das du in das Leben, in Gaia, hast. Wenn du satt bist, fordert Gaia dich sanft auf, wieder aus dem Erdfeuer herauszusteigen und bei ihr Platz zu nehmen.

Gaia hat eine Aufgabe für dich, die sie dich bittet, nach deiner Rückkehr in den Alltag für sie zu lösen. Höre ihr zu. Wenn du ihre Botschaft empfangen hast, kannst auch du sie um Unterstützung für ein Thema, einen Bereich in deinem Leben, bitten, und sage ihr auch, wie du dir diese Hilfe vorstellst. Abschließend nimmt Gaia dich in ihre Arme. Genieße das Gehaltenwerden, das Berührtwerden, das Verstandenwerden und das Genährtwerden. Tauche ein in ihre Geschenke und atme die Energien in alle Ebenen deines Seins. Zart löst ihr euch aus der Umarmung. Bedanke dich nun bei Gaia und verabschiede dich von ihr. Dabei spricht Gaia: „Du kannst jederzeit wiederkommen. Ich bin immer für dich da und habe genug Liebe für dich und für jedes meiner Kinder."

Sie begleitet dich noch bis zu deinem Wurzelgang, durch den du gekommen bist, und nun gehe diesen Weg zurück in den Baum, der dir als Pforte in die Erde diente. Gehe durch die Baumtür wieder zurück in deinen Garten. Als Dankeschön berühre die Rinde des Baumes erneut und erlaube, daß aus deinem Herzen Liebe und Licht um und durch den Baum fließen. Sieh, wie er sich darüber freut und zu strahlen beginnt. Löse dich nun von ihm und spaziere durch deinen Garten in deinen smaragdgrün-goldenen Raum, aus dem du deine Reise begonnen hast. Dort erlaube dir nochmals, der befreiten Energie in deinem Sein nachzuspüren, der Liebe zur Erde und von der Erde. Nun bedanke dich bei dir und deinem Inneren Kind für die Bereitschaft, in die liebevolle Kommunikation mit Mutter Erde zu gehen.

Vielleicht möchte dein Inneres Kind jetzt als Dankeschön Eis essen gehen oder Rollerblades fahren. Dann vereinbare mit ihm einen Zeitpunkt in den nächsten Tagen, wo ihr dieses umsetzen werdet. Jetzt ist es Zeit, wieder vollkommen ins Hier und Jetzt zu kommen, alle Körper einzuladen, präsent zu sein, die Verbindung zur Erde wahrzunehmen und die Meditation in deinem Tempo abzuschließen und den heutigen Tag auf dieser Erde zu genießen.

Sich selbst gebären

In meiner Ausbildung haben wir eine Übung gemacht, die „Remothering" hieß.

In der Meditation gingen wir zum Ausgangspunkt dieser Inkarnation zurück und veränderten unsere Geschichte. Wir ersetzten alte Erfahrung durch eine neue. Bei solchen Übungen ist es wichtig zu beachten, daß die neuen Informationen nur dann wirken, wenn wir sie auch annehmen. Wenn wir dann hinausgehen und uns gegenseitig erst wieder erzählen, wie schlimm zum Beispiel unsere Kindheit war, dann ist es schwierig für die neuen Energien, sich zu entfalten. Bald wird man wieder das Gefühl haben, am gleichen Punkt zu stehen wie vorher, und die Menschen sagen dann: „Jetzt habe ich schon so vieles ausprobiert. Doch bei mir hilft nichts." Deshalb ist es auch nach der nächsten Übung von Wichtigkeit, achtsam zu sein mit seinen Gedanken und diese bei Bedarf bewußt zu verändern.

Setze oder lege dich gemütlich hin und entspanne dich. Verbinde dich mit einem Atemzug mit dem solaren Kern der Erde und atme das Vertrauen und die Liebe hoch in dein System. Erlaube, daß alle Körper, alle Chakren erfüllt werden mit der Kraft der Erde und lasse sie über dein Kronenchakra und über andere Öffnungen deines Systems überfließen und zurückfließen in den solaren Kern der Erde. So ist nun ein Kreislauf des Lebens entstanden.

Nun richte dich aus auf dein Hohes Selbst. Laß das Licht und die Liebe deines Hohen Selbst miteinfließen in den Energiekreislauf, den du mit der Erde geschlossen hast. Und so erfüllt auch die Kraft deines Hohen Selbst jede Ebene deines Seins und fließt auch ein bis in den solaren Kern der Erde.

Dieses Mal gehe mit deiner Aufmerksamkeit zu deinem Kronenchakra und stelle es dir als violetten Raum vor. Wie sieht dein violetter Raum aus? Richte in dir so ein, daß du ihn kuschelig und entspannend findest. Wenn du mit deiner Raumausstattung zufrieden bist, lade dein Inneres Kind zu dir ein in diesen Raum. Nachdem du es begrüßt hast, bitte es, dich bei der Neuprogrammierung in Leichtigkeit und Konzentration zu unterstützen, so daß Heilung im gesamten System geschehen kann. Nun erlaube dir wahrzunehmen, wie sich dein violetter Raum wie eine Blüte zu öffnen beginnt und du mit deinem Bewußtsein auf Reisen gehen kannst. Dein Bewußtsein steigt höher und höher, hinauf in eine Ebene, wo die Seelen darauf warten, sich zu inkarnieren. Erlaube dir nun zu erkennen, daß du das erste Mal hier bist, um dich auf dem sich gerade entwickelnden Planeten, den ihr Erde nennt, zu inkarnieren. Nimm die Freude und Aufregung deiner Seele wahr, sich in dieses Abenteuer zu stürzen. Du fühlst dich glücklich und vollkommen bereit, in den Erden-Inkarnationszyklus einzutauchen.

Die Erde leuchtet dir entgegen, und du siehst verschiedene energetische Aufzüge, die hinunterführen auf die Erde. Zum damaligen Zeitpunkt war Gaia noch nicht so fest wie jetzt. Die Wesenheiten, die Gaia bewohnt haben, könntest du als ätherisch beschreiben. Lemurien, Atlantis und andere Sternenvölker und Engel waren damit beschäftigt, die Erde zu formen. Erlaube nun deinem Bewußtsein, hindurchzugleiten durch einen dieser Aufzüge und auf der Erde zu landen. Wie sieht dein Körper aus, bist du in Lemurien oder in Atlantis oder sonstwo gelandet? Vielleicht kennst du dieses Land, auch wenn es damals ganz anders aussah und auch anders positioniert war als heute, denn damals gab es nur einen großen Kontinent auf dieser Erde. Sieh dich um und komme an.

Nun beginne, diese Inkarnation zu verändern, so daß Leichtigkeit, Liebe, Heilsein und Kommunikation mit den anderen Wesen und Völkern stattfinden. Atme das Urvertrauen, das Gaia aussendet, ein und strahle es hinein in dein eigenes Volk und zu den anderen Wesen, in die Pflanzen, in die Tiere und in die feinstofflichen Ebenen. Kreiere dir kraft des Schöpfers, der du bist, eine Erstinkarnation auf dieser Erde, die dich erfüllt mit Freude und mit Liebe. Und auch den Übergang aus dieser Inkarnation zurück in das Bewußtsein, aus dem du gekommen bist, gestalte dir mit Hilfe deiner bewußten Entscheidung voller Freude und innerem Frieden.

Mit dem Bild und der Energie dieser Erstinkarnation kehre zurück auf das Bewußtsein der Seelenebene und lasse es ausstrahlen in jede folgende Inkarnation auf dieser Erde und nimm wahr, wie jede einzelne von ihnen erlichtet und erleichtert wird, bis du an den Beginn deiner jetzigen Inkarnation kommst.

Du bist wieder auf der Ebene, in der die Seelen darauf warten zu inkarnieren. Du fühlst dich glücklich und geborgen, voller Liebe und vollkommen bereit, dich erneut zu inkarnieren.

Du suchst dir zwei menschliche Wesen aus, deren Auren dich besonders ansprechen, und als sich diese beiden Wesen vereinen, bildet sich ein Lichtspirale, die dich einlädt, in die Inkarnation zu treten. Dein Bewußtsein gleitet hinein, unendlich sanft, tiefer und tiefer hinein durch die Dimensionen. Absolute Liebe umflutet dich, absolutes Einverstandensein erfüllt dich.

Nun nimmst du auch schon sehr deutlich die Energiefelder deiner Eltern wahr, die liebevoll miteinander umgehen, und du spürst ihre Liebe und Freude über deine bevorstehende Inkarnation, und eine Welle der Liebe verbindet euch. Du fühlst dich rundherum wohl. Deine Eltern lieben, achten und ehren sich. Dein Bewußtsein umkreist deine Eltern, und immer wieder spürst du, wie sehr sie sich auf dich freuen. Du fühlst dich geborgen, und dein physi-

scher Körper entwickelt sich prächtig. Du fühlst dich angenommen, getragen und genährt.

Als die Zeit des Schlüpfens gekommen ist, spürst du die Freude auf diese Inkarnation, auf dieses Leben auf dieser Erde. Sanft gleitest du durch den Geburtskanal und bekommst jede Unterstützung, die du brauchst. In völliger Leichtigkeit kommst du auf dieser Erde an. Du wirst mit warmen, sanften und doch kräftigen Händen empfangen, in einem Raum mit angenehmem Duft, Wärme und dämmrigem Licht. Du wirst deiner Mama auf den Bauch gelegt, und dein Papa hält liebevoll seine Hand auf dir. Du spürst die Liebe deiner Eltern, die dich willkommen heißen, und du entspannst dich.

Die Nabelschnur versorgt dich immer noch und beginnt langsam auszupulsieren, weil sich deine wunderbaren Lungen öffnen und du selbst zu atmen beginnst in deinem eigenen Tempo. Du liegst geborgen bei deinen Eltern, und deine Mutter legt dich an ihre Brust, und du kannst trinken so viel du möchtest. Du bekommst alles, was du brauchst. Fülle fließt zu dir. Du bist satt, froh und zufrieden. Erlaube dir, dich absolut geborgen, geliebt und sicher zu fühlen. Vielleicht begrüßen dich deine Geschwister – auf jeden Fall werden alle deine Bedürfnisse erfüllt.

Auch während deiner ersten Lebensjahre werden deine Bedürfnisse gestillt. Es ist immer jemand für dich da, wenn du jemanden brauchst. Du fühlst dich verstanden, und die Kommunikation mit deinem Umfeld geschieht in Leichtigkeit und Klarheit. Du fühlst dich angenommen, und das Leben macht dir Spaß. Auch wenn deine Eltern Nein sagen, fühlst du dich geliebt. Du bekommst Halt, und Liebe und vollkommenes Vertrauen wachsen in dir. Du lernst Krabbeln, Gehen, Laufen – du entwickelst dich prächtig und wirst immer selbstständiger. Dennoch ist immer jemand bei dir, wenn du einen Raum brauchst, der dir Geborgenheit, Liebe und Anerkennung schenkt.

Erschaffe dir eine glückliche und zufriedene Zeit im Kindergarten und in der Grundschule. Du hast immer genug Zeit zum Spielen, und du wirst für deine Leistungen gelobt. Auch deine weiteren Schulwege, Ausbildungen und Beziehungen bis zum jetzigen Zeitpunkt deines Lebens gestalte in Freude, Liebe und Leichtigkeit, Angenommensein, Vertrauen und Geborgenheit.

Vollende deinen Lebensfilm und suche dir ein Symbol für diese freudvolle Inkarnation. Schenke dieses Symbol nun deinem Inneren Kind. Bitte es, ein anderes Symbol, das für alle deine ursprünglichen Erfahrungen steht, zu finden und beauftrage es, dieses nun deinem Schutzengel, der dich immer begleitet, zu übergeben, damit dieser die alten Energien auf allen Ebenen lösen und transformieren kann. Dein Inneres Kind nimmt das neue Symbol und seine Energie an, wird eins damit und strahlt sie in alle Ebenen aus. Spüre die Freude, die Liebe, das Vertrauen in jeder Zelle deines Seins Raum nehmen. Nimm diese neue Energie und visualisiere eine Alltagssituation, die du aufgrund der neuen Information voller Leichtigkeit und Liebe bewältigst. Strahle die neue Energie auch in dein Quellen-Selbst, in den solaren Kern der Erde und ins morphogenetische Feld aus, auf daß alle Inneren Kinder dieser Erde diese neue Erfahrung nutzen können.

Werde dir wieder deines violetten Raumes bewußt. Bedanke dich bei dir und deinem Inneren Kind und lobe dich und dein Inneres Kind für diese Veränderung. Nun verabschiede dich von deinem Inneren Kind.

Anschließend komme in deinem Tempo ins Hier und Jetzt zurück. Zentriere alle deine Körper, verbinde dich tief mit der Erde und schließe deine Chakren auf das jetzt für dich richtige Maß.

Freue dich deines Lebens und erlaube dir, dich heute an diesem Tag, der wie ein Geburtstag für dich ist, selbst zu feiern und zu verwöhnen.

Liebende Worte von Gaia, dem Blauen Volk und Shekaina

Dieses ist Gaia. Ich rufe euch zu, daß ich euch liebe, geliebte Kinder, die ihr seid, und ich liebe euch, genauso wie ich die Sterne, die Pflanzen, die Tiere, die Devas und andere Wesenheiten aus dem Blauen Volke liebe. Genau wie ihr bin ich geboren aus der Quelle von Vater-Mutter-Gott, bin geboren aus der Liebe und bin Liebe durch und durch. Aus Liebe lasse ich wachsen, erneuere ich und schenke ich Leben.

Ich möchte euch nun einladen, in Verbindung mit den Wesenheiten, die ihre Elfen nennt. Tanzt mit mir den Tanz des Lebens, tanzt mit mir den Tanz der Schönheit, denn ich möchte eure Augen berühren mit dem Tau des frühen Morgens, um sie zu öffnen für die Schönheit, die hier auf der Erde ist, die Gaia ist, die ich bin. Erkennt, daß ich euch einlade, mir zu folgen, zu folgen auf eine Wiese im Sonnenschein, und daß ich euch einlade, euch auf diese Wiese zu legen. Spürt den Duft des Grases und spürt das Krabbeln um euer Sein, fühlt die Erde, auf der ihr liegt, spürt den Wind, wie er sanft eure Haut berührt, und fühlt die Wärme der Sonne, die euch durchdringt. Atmet und erlaubt eurem Bewußtsein, weit zu werden. Erlaubt euren Sinnen, daß sie sich öffnen, und erlaubt mit eurem Atem tiefer in dieses Bild einzutauchen, werdet eins mit diesem Bild, werdet eins mit mir, werdet eins mit Gaia. Dieses ist Gaia. Seid geliebt.

Dieses ist Uriella, eine Wesenheit aus dem Reiche der Feen. Ich bin gekommen, um nun diesen Kanal zu übernehmen. Erkennt, daß ihr nun Gaia seid, und spürt die liebevolle Anwesenheit von uns Elfen, der Zwerge und anderer Naturwesenheiten.

Unser Wissen fließt ein in die Tiefe der Erde, die ihr seid, und auch in die Kraft des Wachstums von Pflanzen, die ihr seid. Wir tanzen mit dem Wind auf eurer Haut, und nehmt wahr, wie unsere Bewegungen zart und doch kraftvoll sind.

Wir laden euch ein, euch weiter zu dehnen mit eurem Bewußtsein. Geht nun über dieses Bild der Wiese in der Sonne hinaus und werdet eins mit dem gesamten Erdenstern, werdet eins mit den Kräften in der Erde, werdet eins mit den Flüssen, Seen und Meeren, werdet eins mit den Landschaften, den Tälern, den Bergen, den Wäldern und Wiesen, werdet eins mit den Dörfern und Städten, die hier sind. Werdet eins mit all den Pflanzen, werdet eins mit all den Tieren, werdet eins mit all den Menschen. Atmet und seid eins.

Und nun werdet eins mit dem Sternenwesen, das Gaia ist, und erlaubt, das tiefe Wissen, das sie über das Leben hütet, zu empfangen. Seht, daß ihr geschaukelt werdet von den Wesenheiten des Blauen Volkes, und unsere Liebe, Dankbarkeit und Demut für das Erdensternenkind Gaia, für das Erdensternenkind Mensch fließen ein in die Einheit, die ihr nun bildet. Atmet die Unendlichkeit. Atmet die Liebe der Schöpfung!

Und nun dehnt euch aus und werdet eins mit den Sternen, mit Planeten, die euch nun anzie-

hen: Werdet eins mit Sirius; werdet eins mit den Plejaden; werdet eins mit Andromeda; werdet eins mit Aldebaran und mit Arkturus; werdet eins mit allen Ebenen, die leuchten und strahlen an eurem Himmelszelt! Und atmet, atmet die Liebe der Schöpfung.

Erkennt, daß die Schöpfung keine Wertung hat, nicht sagt, Sirius ist weiter entwickelt als Erde. Erkennt, daß die Liebe, aus der alles geboren ist, nicht wertet, nur liebt. Und seht, daß wir euch auch dorthin begleiten, zu den Sternen, um euch als verbindende Kraft zu helfen, anzunehmen. Genießt, atmet, seid Liebe. Und sanft tragen wir euch und begleiten wir euch wieder zurück mit eurer Aufmerksamkeit zu dem Bild, aus dem wir gekommen sind. Dem Bild mit der Wiese und der Sonne, wo ihr immer noch liegt und atmet. Liebe atmet. Liebe seid.

Dieses Uriella, und der Feenstaub der liebenden Leichtigkeit und der leichten Liebe erstrahlt in eurem Sein.

Und dieses ist Shekaina. Und ich grüße euch als Mutter, die ich für euch und Gaia bin. So ist Gaia nicht nur eure Mutter, sondern auch eure Schwester. Und nun lade ich euch ein zu erkennen, daß ich mich euch auf einer weißen Taube nähere und euch einlade, mit mir durch eine Öffnung zu fliegen, die von Zwergen nun freigegeben wurde und in das tiefe Innere der Erde hineinführt. Riecht, schmeckt die Fruchtbarkeit der Erde und erlaubt euch, voller Vertrauen und Freude zu sein über diese Reise, die ihr nun mit mir als weiße Taube erleben werdet.

Taucht tiefer ein mit mir durch den Gang in der Erde, tiefer hinein, bis ihr die Ebene erreicht, die ihr solaren Kern nennt. Dieses ist eine Art Höhle, wo das unendliche, ewige solare Feuer brennt, und nun lade ich euch ein wahrzunehmen, daß Gaia als schönes Sternenwesen bereits auf euch wartet und euch liebevoll begrüßt. Erkennt, daß ich Shekaina, die Kraft der Sonne bin, und daß das solare Feuer, das tief in der Erde brennt, solares Bewußtsein ist. Erkennt, daß ihr in eurem Thymus und in eurer DNS das Erbe eurer solaren Herkunft in euch trägt. Denn wir alle sind geboren aus der Kraft der Sonne.

Nun lade ich euch ein, eure Thymusdrüsen leuchten zu lassen in der Kraft der Sonne, eure DNS zu öffnen im Bewußtsein der solaren Herkunft, die ihr in euch tragt. Spürt dieses. Und nun lade ich euch ein, eins zu werden mit dem solaren Kern der Erde. Tretet ein in das Feuer der Erde, in das solare Bewußtsein von Gaia und erlaubt, daß die Kraft der Sonne aus euch fließt und in euch fließt. Seid eins mit eurer solaren Herkunft, seid eins mit dem solaren Kern der Erde und erkennt, daß auch das Sternenwesen Gaia in dieses Feuer getreten ist und sein Bewußtsein über das solare Sein einfließt und es nun zu einer Verschmelzung von euch und Gaia kommt, im Bewußtsein, daß ihr alle Sonne seid.

Erkennt, daß dadurch jegliche Formen der Ablehnung, jegliche Formen der Angst, des Widerstands gegen Materie, jegliche Formen des materiellen Mangels auf allen Ebenen in Leichtigkeit und Liebe gelöst werden. Daß gelöst werden jegliche Formen der Bewertung, des Mißbrauches und der Ausbeutung. Und je mehr sich diese Energien aus eurem Sein erlösen, umso strahlender werdet ihr, umso strahlender wird eure Sonne sein, und auch die Einheit mit dem solaren Kern und mit dem Sternenwesen Gaia.

Nun erkennt, daß ich als Botschafter der solaren Energie nun eintauche in diese Verschmelzung mit der Taube, die ich bin, und diese nun eins wird mit euch und mit Gaia und dem solaren Sein, das ihr seid. Dieses ist eine kosmische, solare Verbindung von Himmel und Erde.

In diesem solaren Bewußtsein laßt uns nun gemeinsam durchdringen den gesamten Erdenstern und alle Lebewesen sowohl auf der grob- als auch auf der feinstofflichen Ebene. Laßt uns ausstrahlen zu allen Menschen, in alle Gitternetze dieser Erde, laßt uns ausstrahlen in das morphogenetische Feld, die Vereinigung der Sonnen, die durch unser Tun stattgefunden hat. Dadurch kann Annahme geschehen - Annahme der solaren Herkunft für alle Menschen, Annahme der liebevollen Kooperation und Einheit mit dem solaren Bewußtsein, das Gaia ist.

Dieses ist Shekaina, und im Bewußtsein der solaren Kraft, die ich bin, segne ich euch als meine Kinder der Sonne und lade euch ein, zu atmen, zu strömen, zu genießen, um dann wieder zurückzukehren aus der Erde auf die Erde, um von jetzt an als Sonne über diesen Erdenstern zu wandeln, in der Einheit mit der Sonne, die Gaia ist, damit Liebe auf allen Ebenen Raum nimmt.

Elohim Sabbaot Amen.

Und dieses ist Gaia in Verbindung mit Uriel. Wir grüßen euch und möchten uns bei euch bedanken und euch segnen in der Kraft der Liebe, die wir sind. In der Kraft der Sonne, die wir sind. Mögen eure Wege auf dieser Erde getragen sein von der Liebe und der Sonne. Möge sich euer Bewußtsein durch die transformierende Kraft der Engel weiten und weiten, damit ihr euer Strahlen erkennen könnt und euch erhebt aus den Illusionen und Begrenzungen, die ihr selbst geschaffen habt. Der Himmel möge erstrahlen vom Glanz der Sonnen, die die Menschen sind, und der Klang des Menschen wird Heilung bringen für dieses Universum, und die Freude darüber wird als Dank zurückkehren zu den Sonnen, die Menschen sind. Dieses ist Gaia in Verbindung mit Uriel.

Seid geliebt. Seid gesegnet. Amen.

Es gibt eine wunderbare Erdungsübung, die auf dem Bewußtsein, daß wir alle solares Sein sind, aufbaut:

Verbinde dich mit deiner inneren Sonne in deinem Solarplexus und lasse sie leuchten und strahlen. Nun atme einen Sonnenstrahl aus deinem Solarplexus vorne aus, der hineinreicht bis in die Erde, hinein in den solaren Kern, durch den solaren Kern hindurchgeht und zurück durch deinen hinteren Solarplexus in deine innere Sonne. Nun atme diesen Strahl vorne wieder aus und lasse ihn hinaufwachsen bis zur Zentralsonne, durch diese hindurch und zurück durch deinen hinteren Solarplexus in deine innere Sonne. Nun hast du eine liegende Acht gebildet, die deinen Solarplexus mit dem solaren Kern der Erde und der Zentralsonne verbindet. Gehe mit deiner Aufmerksamkeit und deiner Atmung nun ein paar Mal diese liegende Acht durch. Abschließend fokussiere und sammle dich wieder in deinem Solarplexus, in deiner inneren Sonne. Die liegende Acht kannst du bestehen lassen. Sie stabilisiert dein System im Hier und Jetzt und stärkt deine innere Sonne und das solare Bewußtsein in dir.

Heilgesänge

Tönen und Singen befreit, öffnet und bringt uns in den Fluß. Dabei ist es nicht wichtig, ob du glaubst, daß du singen kannst oder nicht. Abgesehen davon, daß es ohnehin jeder kann. Viel wichtiger ist die Freude daran. Singen und Tönen kannst du alleine oder auch in einer Gruppe. Überlege dir vorher, wofür oder für wen du singen möchtest. Du kannst zum Beispiel für die Heilung deines Inneren Kindes singen oder einfach, weil du deinem Inneren Kind eine Freude bereiten möchtest, denn Kinder singen gerne. Du kannst für die Erde oder mit der Erde tönen, du kannst bei Erdheilungen zur Klärung der Gitternetze singen. Du kannst dieses auch zur Harmonisierung deiner Chakren oder deines physischen Körpers tun. Du kannst für den materiellen Fluß einer Freundin singen oder mit einem Baumdeva für die Kommunikation zwischen dem Blauen Volk und den Menschen. Du kannst für alles und mit allem singen, was dir am Herzen liegt.

Mache es dir bequem und entspanne dich auf deine eigene Art und Weise, bis du vollkommen ruhig, zentriert und gelassen bist. Verbinde dich mit dem solaren Kern der Erde und atme viel Mut und Vertrauen hoch in dein System, vor allen Dingen in deinen Solarplexus und in dein Halschakra. Fülle dich auf mit der Kraft der Materie.

Verbinde dich nun mit deinem Hohen Selbst und erlaube, daß sein Licht und seine Liebe dich vollkommen durchdringen. Erkenne, daß dein physischer Körper ein Gefäß ist, in das sich deine Seele nun ergießt und auch das Gefäß selbst dabei durchstrahlt.

Jetzt übergib dich bewußt der Führung deines Hohen Selbst und erlaube ihm, durch dich zu wirken, dich als Werkzeug zu nutzen. Verbinde dich mit der Wesenheit, dem Inneren Kind, für das oder mit dem du singen möch-

test oder mit dem Thema, das du dir vorher ausgewählt hast. Erlaube, daß Töne oder Melodien in dir hochsteigen, die du einfach fließen läßt, indem du deine Stimme benutzt. Es können auch dir bekannte Lieder oder Mantren sein, so wie es kommt, ist es richtig. Vertraue dir. Habe einfach den Mut, die Klänge, die Vibrationen durch deine Stimme unter der Anleitung deines Hohen Selbst zu übersetzen. Erlaube einfach, daß die Schwingung dich erfüllt.

Nimm die Energie wahr, wie sie sich in dir und um dich herum verändert und Harmonie entsteht. Wenn du leer bist und keine Töne mehr in dir sind, die ausgedrückt werden möchten, dann weißt du, daß das Lied nun zu Ende ist. Dann bedanke dich bei den anwesenden Kräften und entlasse sie wieder. Genieße die Schwingung, die entstanden ist, spüre ihr nach und bringe dich in deinen Alltag zurück. Erde dich tief und fest, zentriere dich mit all deinen Körpern und schließe deine Chakren auf das für dich jetzt richtige Maß.

Je öfter du singst und tönst, umso vertrauter wird es dir und um so leichter wird es dir fallen, dieses auch mit anderen Menschen zu teilen. Und wie gesagt, jede Stimme ist für diesen Ausdruck geeignet, es kommt nur darauf an, daß du verbunden bist mit deinem Hohen Selbst und aus dem Herzen singst.

Unser Leben ist voll von Heilgesängen. Das heißt, du brauchst nicht selbst zu singen, wenn du nicht möchtest, du kannst auch den Klang der Heilung um dich herum erkennen und für dich nutzen. Vogelgezwitscher, Kinderlachen, Wasserrauschen, das Säuseln des Windes, alle diese Töne, Laute und Melodien kannst du in dein Herz atmen und von hier aus in dein gesamtes System ausstrahlen lassen, auf daß Harmonie in deinem Sein oder Verbundenheit mit allem, was ist, in dir Raum nehme. Du kannst in den

Garten gehen oder einen Spaziergang machen, dich hinlegen, mit deinem Ohr die Erde berühren und dem Herzschlag des Lebens lauschen. Das ist auch möglich, wenn du dein Ohr an eine Baumrinde legst und dem Rhythmus der Schöpfung lauschst, ihn in dein Herz atmest und selbst zum Rhythmus der Schöpfung wirst.

Der Mystiker Osho sagt einmal, daß wir selbst im Geräusch eines Presslufthammers den kosmischen Klang erkennen und genießen können. Du kannst also jeden Laut kraft deines Mitschöpfertums zu einer heilenden Frequenz werden lassen und ihn annehmen so, wie er ist. Das bedeutet, im Frieden zu sein mit allem, was ist.

Ich habe das auf unserer Malaysiareise erlebt. Wir kamen in unserem Ressort an, waren müde von der Anreise und freuten uns auf eine ruhige Entspannung in unserem Bungalow. Ein ganz intensiver Ton lag in der Luft, und ich dachte im ersten Moment: „Na, hoffentlich, hören sie bald mit diesem Baulärm auf." Doch es waren keine Menschen und Maschinen, die diese äußerst hohe Frequenz erzeugten, es waren Zikaden, die sich an ihrem Gesang erfreuten und nicht vor hatten, so schnell zu verstummen. Schnell wurde mir auch klar, daß es sich hierbei um eine atlantische Schwingung handelte, die sie hervorbrachten. Das passte zu der spirituellen Arbeit, die wir als Gruppe hier verrichten wollten, ging es unter anderem ja auch um die Aussöhnung mit Atlantis. Ich spürte, daß ich nun die Entscheidung hatte, den Gesang der Zikaden anzunehmen, was dazu führte, daß er mir nach kurzer Zeit gar nicht mehr auffiel, oder ich konnte in Resonanz gehen und mich über die „Lärmbelästigung" aufregen und dadurch den gesamten Aufenthalt überschatten. In diesem Fall entschied ich mich für die erste Möglichkeit.

Bei „richtigem" Baulärm fällt es mir manchmal schwerer, den kosmischen Klang darin zu entdecken und mich nicht über die Ruhestörung aufzuregen. Dennoch fallen mir auch dann immer wieder die Worte von Osho ein. Dann muß ich häufig über mich selbst lachen und schaffe es, aus der Resonanz in die Annahme zu gehen.

Tanzendes Gebet

Bewegung ist eine verbindende Kraft zwischen Himmel und Erde. Diese Form der Kommunikation wurde und wird in vielen Traditionen und Kulturen gelebt. So gibt es verschiedene Formen des Tempeltanzes, aber auch Qi Gong und Tai Chi zählen für mich zu dem Aspekt des „tanzenden Gebetes“. Dabei gibt es Bewegungsabläufe, die einem klaren Plan folgen und somit eine bestimmte Energie aufbauen. Diese kann für Gesundheit, Wohlergehen, Fülle etc. oder als Ausdruck der Dankbarkeit genutzt und gelenkt werden.

Falls du keine Lust verspürst, regelmäßig einen Kurs zu besuchen, um das zu üben, kannst du es auch anders machen. Dafür sind keine besonderen Vorkenntnisse erforderlich und ist für jeden Menschen, der Freude an der Bewegung hat, geeignet. Auch hier kannst du weder etwas falsch noch richtig machen, sondern es geht darum, dich deinem Hohen Selbst zu übergeben. Du kannst alleine tanzen, mit anderen Menschen oder dir auch vorstellen, wie du in deiner inneren Welt tanzt. Das ist befreiend, und vor allen Dingen in Situationen, wo du dich nicht so gut bewegen kannst oder willst, zum Beispiel in der überfüllten Straßenbahn, eine wunderbare Möglichkeit. Dann folgst du mit deiner Aufmerksamkeit nicht den äußeren Bewegungen deines Körpers, sondern visualisierst diese mit deinen inneren Augen. Das kannst du auch tun, wenn du keine „äußere“ Musik hörst: Dann stelle dir einfach die passende Melodie zu deinem inneren Tanz vor.

Bevor du beginnst, überlege dir wieder, wofür oder mit wem du tanzen möchtest. Auch hier kannst du für die Heilung deines Inneren Kindes, deiner Inneren Frau, deines Inneren Mannes tanzen, mit deinem Schutzengel, mit den Elfen etc.

Als ich bei einem befreundeten Tanzchannel kreativen Ausdruckstanz besuchte, war es mir immer eine besondere Freude, mit meinem Engel zu tanzen.

Dazu wähle dir eine Musik aus, die dir gefällt. Nimm bitte eine für dich entspannte und entspannende Körperhaltung ein. Atme und werde dir deiner Körper gewahr, die präsent sind in diesem Raum, in dem du dich gerade befindest. Verbinde dich mit der Erde, verbinde dich mit deinem Hohen Selbst und werde eins mit der Erde, werde eins mit deinem Hohen Selbst. Bitte deinen Engel nun, zu dir zu kommen, und nimm wahr, wie er vor dir Raum nimmt, wie er dich begrüßt mit seiner Liebe. Erlaube nun, daß die Klänge der Musik dich zu tragen beginnen, fließe und schwimme mit ihnen mit und erlaube, daß dein Körper von ihnen bewegt wird, und dein Engel tanzt mit dir. Du kannst ihm die Hand reichen, ihr könnt euch berühren und miteinander spielend ausprobieren.

Wenn ihr genug getanzt habt, dann bedanke dich bei deinem Engel und entlasse ihn wieder. Spüre der Freude nach, die in deinem System entstanden ist durch das gemeinsame Tun mit deinem Engel und sende diese Freude tief hinein in die Erde und in das morphogenetische Feld, damit mehr Menschen beginnen, mit ihren Engeln zu tanzen und die Freude sich über den gesamten Erdenstern ausdehnen kann.

Erde dich, zentriere alle deine Körper wieder im Hier und Jetzt und schließe dann deine Chakren auf das für dich jetzt richtige Maß.

Du kannst mit deinem Engel auch gemeinsam für ein bestimmtes Thema tanzen, zum Beispiel für mehr Leichtigkeit in deinem Leben. Du kannst dich mit Mutter Erde verbinden und sie bitten, mit dir für den finanziellen Fluß in deinem Leben und die Annahme von Materie zu tanzen.

Du kannst tanzen, um dich zu befreien von belastenden Erfahrungen aus deiner Kindheit und dich dabei mit den Elfen verbinden, damit diese Feenstaub der Lebendigkeit und der Freude anstatt der alten Informationen in deinem System Raum nehmen lassen.

Fülle

Die meisten von uns wünschen sich ein Leben in Fülle. Dabei ist meist nicht die körperliche Fülle gemeint, sondern viel mehr ein Erdendasein im Wohl-Stand. Wir sehnen uns nach materieller, emotionaler und spiritueller Fülle. Wir möchten erfüllende Beziehungen und Partnerschaften, in denen wir das Gefühl des bedingungslosen Angenommenseins, Geliebtseins, Getragen-, Genährt- und Umsorgtseins erfahren. Dauernd sind wir auf der Suche nach der Erfüllung unserer Träume und Ziele. So jagen wir ihnen hinterher, bis wir außer Atem sind, doch erreichen wir sie oft selten.

Dabei vergessen viele von uns auch immer wieder, daß finanzielle Fülle nur *ein* Ausdruck der Fülle ist. Der finanzielle Fluß hängt sehr mit der Bereitschaft zusammen, auch emotionale Fülle zum Beispiel im Leben annehmen zu können. Geld ist nur eine Ebene von Energie, und es ist wichtig, hier aus der Wertung zu gehen, es nicht zu verteufeln, sondern das Spiel mit dem Geld als Spiel zu erkennen und zu beginnen, es gerne und lustvoll zu spielen, gerne Geld zu empfangen, aber es auch gerne wieder weiterfließen zu lassen und auszugeben.

Wenn du tief in deinem Sein festhältst an der Überzeugung, daß du emotional nicht genährt wirst, daß niemand hier ist, der dir sagt, daß er dich lieb hat, und du festhältst an der Verletzung deines Inneren Kindes, indem du dich nicht geliebt fühltest, dann wird es dem Universum auch sehr schwer fallen, dir finanzielle Fülle, das nur eine andere Ebene des Genährtseins darstellt, in Leichtigkeit zukommen zu lassen.

Unser Inneres Kind hält oft fest an dem Mangel aus dieser Inkarnation und an Mangelprägungen aus mitgebrachten, ausgewählten Erfahrungen. Dadurch kann die Suche nach der Erfüllung, von der wir sprachen, nie zu einem Finden werden. In diesem Falle müssen wir zuerst unserem Inneren Kind das Gefühl der Fülle schenken, und erst im Anschluß daran wird sich Fülle auf allen Ebenen für uns offenbaren.

Mangel ist eine Illusion, die wir aufrecht erhielten, damit wir das Spiel der Trennung überhaupt spielen konnten. Nun können wir heraustreten und erkennen, daß all das, wonach wir uns sehnen, bereits in uns und um uns ist – und zwar jetzt, sofort und auf der Stelle. Das ist doch ein toller Trost für alle ungeduldigen Menschen unter uns, zu denen ich auch gehöre, nicht wahr?

Um den Mangel unseres Kindes zu heilen, kannst du die vorangegangenen Kapitel nochmals lesen. Uns auf unser heiles Sein auszurichten, ist auch die Botschaft der verschiedenen Channelings in diesem Buch, und insofern sind sie eine große Unterstützung für die Heilung unseres Inneren Kindes, wenn du dieses möchtest. Sie weisen dich nämlich auf die Quelle von Vater-Mutter-Gott hin, deinem Ursprung jenseits von Mangel. Sie möchten dich unterstützen, die Fülle, die du bist, die in dir und um dich herum ist, zu erkennen. Mangel erfahren wir NUR in der Identifikation mit der dritten Dimension, mit ihren Dramen und Erfahrungen. Doch wir als Seele sind nicht hier, um uns zu identifizieren, sondern wir sind hier, um mit unserem Bewußtsein und der Erkenntnis über unser wahres göttliches Sein die Materie zu erhöhen.

Das bedeutet nicht, daß Materie mangelhaft wäre und deshalb erhöht in einem wertenden Sinne werden müßte. Erhöhen heißt in diesem Zusammenhang, zu durchlieben, Materie zu durchlieben und auch unser verletztes Inneres Kind zu durchlieben, damit es Heilung erfahren kann.

Hilarion sagte einmal, daß (auch materielle) Fülle dann Raum nimmt, wenn du selbst im Bewußtsein der Fülle bist. Er meinte, daß Menschen oft versuchen, ein

Füllebewußtsein zu erzeugen, und zwar aus einer Energie des Mangels heraus, um Mangel endlich zu erlösen. Dieses nehmen sie dann als Basis. Doch hier gilt der Satz, den wir alle kennen: Gleiches zieht Gleiches an. Das heißt, wenn du hier im Mangel bist, kannst du keine Fülle anziehen.

Er brachte folgendes Beispiel: Wenn du eine Idee hast und die Hauptmotivation bei der Umsetzung dieser Idee auf der bewußten Ebene eine Veränderung der finanziellen Situation ist, auf der unbewußten aber die Energie der Angst mitschwingt, wird dir die Umsetzung deiner Idee Probleme bereiten. Es ist wichtig, die Situation anzunehmen, wie sie ist, und über dieses Annehmen kannst du Veränderung Raum nehmen lassen. Weil du dadurch nicht mehr aus der Angst oder in der Folge als Ausdruck einer Selbstbestrafung handelst, sondern aus einer Integration heraus. Das heißt: Wenn du zum Beispiel aufgrund einer Rechnung, die du nicht zahlen kannst, in der Situation des Mangels bist, dann ist es wichtig, diese Situation liebevoll anzuerkennen und anzunehmen. Diese offene Rechnung in dein Herz zu nehmen, in deine Liebe, dort löst sie sich auf und du kannst wahrnehmen, wie diese Energie als Welle durch dein System fließt. Das geschieht sehr schnell. Dann ist der nächste Schritt, nach außen zu gehen, zum Beispiel einen Flyer zu machen oder jemanden anzurufen. Dann ist dieses ein Ausgangsschritt, der auf dem Punkt der Annahme basiert.

Dabei ist es wichtig, daß wir uns mit anderen Menschen, die bereits in der Fülle sind, mitfreuen.

Manchmal geschieht es, daß wir uns aufgrund der eigenen Illusion des Mangels, des Gefühl des Getrenntseins, nicht über den Erfolg eines anderen freuen können. Hier ist eine Möglichkeit, bewußt Nein zu sagen zu der Energie der Nicht-Freude und anzuerkennen, daß der andere Mensch ein Teil von dir ist, und es somit auch dein Erfolg ist, daß es auch dein Buch ist, das veröffentlicht oder dein Bild, das verkauft wurde. Dadurch richtest du dich aus auf die Ebene der Einheit. Du richtest dich aus auf das Einssein mit der Fülle. Einssein mit der Fülle ist Einssein mit Gaia.

Einssein mit Gaia

Ihr alle seid meine Kinder, und ich bin Gaia, und ich grüße euch mit der Liebe, die ich für euch als Mutter empfinde.

Erkennt, daß es mein Wunsch ist, mit euch eins zu sein und gemeinsam die Reise zur Quelle allen Seins, die wiederum unsere gemeinsamen Eltern ist, anzutreten. Erkennt, daß ich niemals zornig auf euch war. Erkennt, daß ich mich immer an eurem Sein und der Vielzahl eures Ausdruckes erfreute. Nun ist die Zeit, die Schwerter niederzulegen, die gegen mich und damit gegen das Leben gerichtet sind. Und erkennt, daß sie sich verwandeln in Blumenkränze, die euch nun von Engelwesen um euer Sein gelegt werden. Erkennt, daß nun ein Freudenruf durch das Universum gleitet und ihr erwacht zu dem Bewußtsein der Seele, das ihr immer gewesen seid und immer sein werdet. Denn ihr seid göttliches Sein, ihr seid göttliche Liebe, ihr seid eins mit eurer Seele immerdar.

Und um dieses Bewußtsein auf allen Ebenen zu erfahren, habt ihr beschlossen, den Weg der Inkarnation zu gehen, das Rad von Tod und Wiedergeburt zu besteigen, und habt gekämpft und gelitten. Nun ist die Zeit der Erkenntnis gekommen, und deshalb müßt ihr euch nicht mehr in dem Rad der Wiedergeburt gefangen halten, sondern könnt heraustreten ins ewige Jetzt. Erkennt, das ist Freiheit, das ist Liebe. Und erkennt, daß es auch meine Entwicklung ist und auch ich als Bewußtsein, als Seele, die ich bin, eintreten werde ins ewige Jetzt. So laßt uns Liebe sein und miteinander das Bewußtsein teilen, daß wir dieses sind.

Ich bin nicht nur unter euch, ich bin neben euch und auch über euch, ich durchdringe euch, wir sind eins.

Erkennt, daß wir nun eine neue Form der Beziehung, eine neue Form der Freundschaft beginnen, und ich lade euch ein, mit mir in das Bewußtsein zu tauchen, das ihr solaren Kern nennt. Werdet eins mit der Sonne in mir, mit der Sonne, die Gaia ist.

Und nun seid Sonne und erkennt, daß sich die Sonne, die ihr und Gaia seid, ausdehnt und eins wird mit der Sonne an eurem Horizont, und ihr nun seid eine unendliche Sonne, und nun dehnt sich dieses Bewußtsein nochmals aus und verbindet sich mit der Sonne hinter den Sonnen. Erkennt, daß ihr eine Sonne seid, daß ihr ein Klang seid - ihr seid die Quelle allen Seins. Stille und Gewahrsein und Demut vor euch selbst, vor eurer Größe, vor eurer Schönheit nehmen Raum, ihr geliebten Sonnenkinder, die ihr seid.

Elohim Sabbaot Amen.

Dieses ist Gaia, und ich sende meinen Segen hinein in euer solares Sein.

Dieses ist Gaia, ich grüße euch geliebte Kinder, geboren aus der Liebe des all-einen Seins. Ich bin Gaia, und ich freue mich, euch nun einzuladen, mir zu folgen, und ich freue mich, euch zu zeigen, wie unendlich meine Liebe zu euch ist.

Folgt mir hinaus über euer Haus, folgt mir über die Städte, Flüsse, Seen. Folgt mir über Berge, über das Meer, und seht die Vielfalt und die Freude des Ausdruckes. Landet an einem ruhigen Ort in einer grünen Wiese und legt euch hin, spürt den Wind, hört den Klang und spürt das Herz der Liebe, das Herz der Erde und erkennt, daß ihr Einheit seid. Erkennt, daß ihr verschmelzt mit dem Klang des Herzens der Erde. Spürt, nehmt wahr das Wachstum, das Leben, das ist und immer neu gebiert. Spürt, nehmt wahr die Geschwister, die da sind aus dem Reich der Pflanzen, der Tiere. Spürt, nehmt wahr die lichten Wesen, die Engelkräfte, die euch durchdringen. Ihr seid eins mit dem Herzschlag der Erde, dem Wachsen der Pflanzen, dem Leben der Tiere und dem Sein der Engel. Erkennt, daß euer Sein sich ausdehnt und die Erde umspannt, das Gebirge umspannt, die Alpen, das Wasser, und tief eindringt in den Erdmittelpunkt. Erkennt, daß dieses eine Herz der Erde, gespeist vom solaren Sein, unendliches Feuer der Liebe ist, verbunden mit der Sonne des Universums, verbunden mit der Kraft der Shekaina. Kinder, die ihr seid: Ihr seid die Erde, ihr seid der Planet der Heilung! Erkennt dieses und kehrt zurück in euren wunderbaren physischen, gesegneten Körper.

Dies ist Gaia. Seid geliebt.

Amen.

Selbstliebe - Schlüssel zum heilen Sein

Hilarion sagte in einer Einzelsitzung folgendes:

Es ist der Mangel an Selbstliebe, der dich in die Zweifel bringt. Es ist der Mangel an Selbstliebe, der dich nicht erfolgreich sein läßt. Es ist der Mangel an Selbstliebe, der dich in die Bewertung bringt. Es ist so einfach, denn auch das ist eine Illusion, daß Selbstliebe schwierig ist.

Selbstliebe hat nichts damit zu tun, daß du Schmetterlinge im Bauch haben mußt, wenn du in den Spiegel blickst. Selbstliebe kann etwas sehr Stilles sein. Selbstliebe ist, wenn du dir das erlaubst zu sein, was du bist: Göttliches Sein. Wenn du dir erlaubst, dieses Strahlen zu sein, wenn du dir erlaubst, diese Unendlichkeit zu sein. Und auch hier geht es darum, daß dieses Erlauben mit einem einfachen JA! beginnt. Ihr denkt viel zu kompliziert. Selbstliebe ist ganz einfach.

Selbstliebe bedeutet, das zu tun, was meiner Seele Freude bereitet. Meine Seele möchte nämlich, daß ich glücklich und gesund bin. Sie liebt meinen physischen Körper, egal ob er groß, klein, dick oder dünn ist, und die Materie und möchte auch, daß ich mich auf der Ebene der dritten Dimension wohl fühle.

Der Ausdruck der Selbstliebe kann sehr unterschiedlich sein. Dennoch werde ich, wenn ich mich selbst liebe, inneren Frieden und Zufriedenheit empfinden. Dadurch kann ich mich auch über und mit anderen an ihrem Sein, an ihrem Leben, an ihrem Ausdruck erfreuen. Energien wie Neid oder Konkurrenz sind im Bewußtsein der Selbstliebe nicht möglich. Ich glaube, wenn jeder von uns sich selbst lieben würde, könnten wir in Frieden auf dieser Erde zusammenleben, und auch mit anderen Sternenvölkern.

Jede Disharmonie, egal ob auf physischer, emotionaler, mentaler oder spiritueller Ebene, könnte auf die einfache Formel: „Mangel an Selbstliebe" gebracht werden, und Heilung auf den einfachen Nenner: Selbstliebe.

Schmerzende Erfahrungen im Außen rufen wir oft als Selbstbestrafung, also als Mangel, in unser Leben. Wenn wir in der Liebe sind, erschaffen wir uns diese leidvollen Erfahrungen nicht, sondern wir kreieren uns liebevolle und freudvolle.

Wenn dir also zum Beispiel dein Zahn weh tut, ist es wichtig, nicht mit dir zu schimpfen, sondern zu sagen: Ich liebe mich. Ich liebe meinen Zahn und seinen momentanen Ausdruck. Dann kannst du dir die Frage stellen: Was ist im Augenblick (des Zahnschmerzes) der größtmögliche Ausdruck von Selbstliebe? Zum Zahnarzt gehen, ein entspannendes Bad nehmen, dich ins Bett verkriechen, eine Meditation oder einen Spaziergang machen, einen lieben Menschen treffen, die Wohnung putzen – all dieses und noch viel mehr könnte deine Antwort sein, und dann ist es wichtig, die Verantwortung für deine Selbstliebe zu übernehmen und dieses auch umzusetzen.

Wenn du möchtest, kannst du dir angewöhnen, bevor du morgens aus dem Bett steigst, dir selbst zu sagen: Ich liebe mich. Ich liebe mein zerknautschtes Gesicht. Ich liebe mein Dasein auf dieser Erde. Ich liebe meinen rechten Zeh – was immer dir einfällt, das du liebenswert findest. Und auch abends, bevor du in das Traumland überwechselst, sage dir selbst: Ich liebe mich. Ich liebe mich für die heutigen Erfahrungen. Ich liebe mich für den Kaffeeplausch mit Tante Lieschen. Ich liebe mich für das Bild, das ich gemalt habe. Auch hier kannst du dich lieben, wofür du möchtest. Selbst wenn du am Anfang Schwierigkeiten haben solltest, daß dir morgens oder abends etwas einfällt, was du lieben könntest, wirst du nach einigen Wiederholungen erstaunt feststellen, daß die Liste der liebenswürdigen Eigenschaften, Tätigkeiten etc. sehr schnell wächst.

Durch die „Ich-liebe-mich – Einstimmung“ und den „Ich-liebe-mich – Ausklang“ unterstützt du dich selbst darin, die Schwingung der Selbstliebe auf allen Ebenen in deinem Sein Raum nehmen zu lassen. Denn an erster Stelle, um sich selbst zu lieben, steht die Entscheidung, daß ich mich selbst überhaupt lieben *will*, zum Beispiel in der Form:

Im Namen des Christus, der ich bin,
im Namen des Schöpfers, der ich bin,
entscheide ich mich,
ab jetzt die Selbstliebe auf allen Ebenen zu leben,
und beginne jetzt, mich selbst zu lieben!
Amen.

Spüre der Schwingung dieser Entscheidung in deinem System nach – und dann liebe dich selbst.

An erster Stelle steht also der willentliche, mentale Akt, dich selbst lieben zu *wollen,* und vielleicht mußt du dich in deinem Alltag auch einige Male noch daran erinnern, daß du nun die Entscheidung für die Liebe getroffen hast. Dennoch wird es nach kurzer Zeit in deinem emotionalen Ausdruck und in deinem Empfinden sichtbar sein, daß du mehr und mehr dem Weg der Liebe folgst, und du wirst die Früchte in deinem Alltag reifen sehen.

Wenn du in der Selbstliebe bist, bist du heiles Sein, und auch dein Inneres Kind ist heil, denn, wie bereits gesagt, Disharmonie kann nur durch Mangel an Selbstliebe entstehen.

Selbstliebe und Liebe für andere ist für mich eins, denn wenn ich mich selbst liebe, kann ich andere Menschen, Pflanzen, Tiere etc. lieben; wenn ich mich selbst nicht liebe, dann kann ich andere Wesen auch nicht lieben.

So möchte ich dich jetzt auf eine liebevolle Liebesreise mitnehmen und bitte dich, mir zu folgen.

Lege oder setze dich bitte bequem hin. Atme in deinen physischen Körper und laß beim Ausatmen in Sanftheit vorhandene Verspannungen los und atme Leichtigkeit und Liebe ein. Wiederhole dieses einige Male.

Nun gehe mit deiner Aufmerksamkeit zu deinem emotionalen Körper. Hier atme lieblose, verengende Energien aus und Freude und Selbstliebe ein. Wiederhole dieses einige Male.

Jetzt gehe mit der Aufmerksamkeit zu deinem mentalen Sein. Dort laß mit Hilfe deines Atems los, was an Zweifeln, Bewertung und Begrenzungen vorhanden ist, und atme Unendlichkeit und Liebe ein. Wiederhole auch dieses einige Male.

Anschließend atme dich in deinen spirituellen Körper und atme hier aus, was du nicht mehr brauchst und gehen möchte, und erlaube, daß beim Einatmen Licht und Liebe Raum nehmen.

Nun gehe mit deiner Aufmerksamkeit in dein Herzzentrum und stelle es dir als goldene Kugel vor. Nimm wahr, wie diese Kugel glänzt und leuchtet, und gehe hinein in diese goldene Kugel. Nun atme bewußt deinen physischen, deinen emotionalen, deinen mentalen und deinen spirituellen Körper in deine Herzkugel. Nun sind alle Körper in deinem Herzen im Hier und Jetzt zentriert.

Nun nimm bitte wahr, wie ein goldener Lichtstrahl aus deiner Herzenskugel ausfährt und tief in der Erde im solaren Kern ankert. Über diesen Lichtfaden fließt nun die Liebe der Materie zu dir in dein Herz und fließt über die goldene Kugel und erfüllt dein gesamtes System. Nun nimm wahr, wie ein weiterer Lichtfaden aus deiner goldenen Herzkugel hinauf zu deinem Hohen Selbst gewoben wird. Über diese Verbindung fließt das Licht deines Hohen

Selbst in dein Herz und strahlt in dein gesamtes Sein aus. Nun bist du verbunden mit Himmel und Erde über das Zentrum deines Herzens.

Jetzt lade bitte deine Inneres Kind in deine goldene Kugel ein. Nimm wahr, wie es Raum nimmt, wie es dich begrüßt und wie es sich freut, mit dir eine Reise zu den Sternen zu unternehmen.

Als Reiseführer erscheint nun dein Schutzengel in der goldenen Herzenskugel und nimmt dich und dein Inneres Kind bei der Hand. Erkenne, daß ein weiterer Lichtfaden sich nun von deiner Herzenskugel aus bildet, hinauf zu den Sternen, hinauf zu Venus. Atme tief ein und aus und erlaube dir wahrzunehmen, wie dein Engel seine Schwingen ausbreitet, dich und dein Inneres Kind auf ihnen Raum nehmen läßt und ihr diesen Lichtfaden emporzusteigen beginnt. Höher und höher gleitet ihr den Lichtkanal entlang. Atme und laß deine Bewußtsein weit sein und mit deinem Engel und deinem Inneren Kind fliegen. Jeder Atemzug bringt dich deinem Ziel näher, und schon landet ihr sanft auf dem Planetenbewußtsein der spirituellen Venus.

Komme dort an und genieße die Liebe, die dir von dort entgegenfließt, und atme sie ein und lasse sie durch alle Ebenen deines Seins fließen. Pfirsichfarbene und pastellopalisierende Lichtwesen kommen auf dich zu und begrüßen dich sanft und liebevoll. Atme und genieße ihr Licht und ihre Liebe. Die Kumaras nehmen dich bei der Hand und geleiten dich, dein Inneres Kind und deinen Engel zu einer großen Rutilquarzplatte, und sie laden dich ein, dich darauf zu legen. Dein Inneres Kind und dein Engel stehen neben dir. Du spürst, wie sich die Rutilnadeln des Quarzes ausrichten und kleine Impulse von sich geben, die auf dein System eine äußerst entspannende, weitende und harmonisierende Wirkung haben.

Nach dieser Einstimmung bitten dich die Lichtwesen der Venus, ihnen wieder zu folgen. Sie bringen dich, dein Inneres Kind und deinen Engel zu einem weißen Springbrunnen, dessen Wasser rosafarben und regenbogenschillernd schimmert. Die Kumaras laden dich, dein Inneres Kind und deinen Engel ein, in diesem Brunnen der Liebe zu baden, um dort alles abzulegen, was weniger als Selbstliebe ist. Tauche also nun mit deinem Inneren Kind und deinem Engel ein, in das Wasser der transformierenden Kraft der Liebe, in das Wasser der einenden Kraft der Liebe. Atme tief ein und aus und laß aus allen Ebenen deines Seins Verletzungen, Bewertungen, Ängste, Unsicherheiten, Zweifel, Mangel hinein in das Wasser fließen und atme die Liebe ein. Dabei umtanzen die Kumaras mit ihrer Energie den Brunnen, den sie hüten, um dich dabei zu unterstützen.

Aus Liebe zu den Menschen kamen sie auf die spirituelle Venus und stehen uns unter der Führung von Sanat Kumara dienend zu Seite. Schwimme im Wasser der liebevollen Befreiung und genieße die Leichtigkeit des Loslassens und die Leichtigkeit des Liebeannehmens. Auch dein Inneres Kind und dein Engel haben sehr viel Spaß, in diesem Brunnen zu plantschen. Während du im Wasser bist, spricht Sanat Kumara über die tanzenden Lichtwesen zu dir:

> *Dieses ist Sanat Kumara, und ich lade dich ein wahrzunehmen, wie die Liebe der tanzenden Kumaras dein Herz berührt und es nun weit werden läßt. Weit werden läßt für die Liebe zu dir selbst, für die Liebe zu deinem Leben, für die Liebe zu deiner jetzigen Inkarnation, für die Liebe zu deinen Körpern und zu deinem Inneren Kind, für die Liebe zur Materie. Atme und erlaube zu spüren, wie weit, wie groß dein Herz nun ist und wieviel Liebe nun darin ist.*

Diese Liebe zu dir selbst fließt nun aus deinem weiten Herz in alle Ebenen deines Seins, und wir laden dich ein, dir zu erlauben, Selbstliebe zu sein, durch und durch, einfach Selbstliebe zu sein. Atme das Bewußtsein der Selbstliebe in alle Zellen, in alle Ebenen ein, und erlaube dieser Liebe nun überzufließen, zu fließen, zu fließen hinein in alle Bereiche deines Lebens. Sie fließt zu deinen und in deine Beziehungen und Partnerschaften, in deine Familie, in deinen beruflichen Alltag, zu all den Menschen und Wesen, denen du täglich begegnest. Erlaube, daß dein gesamtes Leben von der Kraft der Liebe durchdrungen wird, und atme diese liebevolle Veränderung in jede Zelle deines Seins ein.

Und ich beauftrage nun einen Kumara, sich dir zur Seite zu stellen, solange du es möchtest, und dir behilflich zu sein bei der Durchlichtung deines alltäglichen Seins mit der Kraft der Selbstliebe. Er wird dich begleiten und dir sein Wissen, seine Liebe und Weisheit zur Verfügung stellen.

Elohim Sabbaot Amen.

Dieses ist Sanat Kumara. Sei geliebt.

Nimm wahr, wie sich nun ein tanzendes Lichtwesen aus dem Kreis löst und zu dir, deinem Inneren Kind und deinem Engel in das Wasser gleitet. Dieses ist der Kumara, der dich von nun an unterstützen wird. Im Wasser tanzt er mit deinem Engel, deinem Inneren Kind und auch mit dir, um Freundschaft und Verbindung zu knüpfen. Er gibt dir ein Fingerzeichen, das du machen oder einen Namen, den du rufen kannst, um ihn auch in deinem Alltag an deiner Seite zu wissen, um ihn um Hilfe bitten zu können, wenn du ihn brauchen solltest, damit Selbstliebe Raum nehmen kann.

Du badest immer noch im Wasser der Liebe, und ich bitte dich nun, wahrzunehmen, wie die Lichtwesen um den Brunnen herum beginnen, gemeinsam mit anderen lichtvollen Sternenwesen Klänge zu singen. Die Vibration dieser Klänge durchdringt deine Ebenen und verankern so die Energie der Venus, der Liebe zu dir und zu allem, was ist, in deinem Sein. Über die Frequenz dieser Klänge wird die Liebe hineingespeist in deinen zellulären Kode, damit die Erkenntnis auf allen Ebenen Raum nehmen kann, daß du Liebe bist und dir somit erlaubst, die Unbegrenztheit der Möglichkeiten deiner geöffneten DNS anzunehmen. Dir erlaubst, anzuerkennen, daß deine DNS geöffnet ist und dir alle damit verbundenen Fähigkeiten zur Verfügung stehen und du diese in Liebe und Weisheit zum Wohle aller Menschen und Wesen, zum Wohle all deiner Geschwister nun nutzen kannst.

Atme die Energie, atme das Bewußtsein, atme die Klänge ein und erlaube ihnen, in jeder Ebene deines Seins Raum zu nehmen. Dann verstummt der Gesang, und die Kumaras bedanken sich bei dir für dein Hiersein und bitten dich, dein Inneres Kind und deinen Engel wieder aus dem Wasser zu steigen. Wenn du möchtest, kannst du frische Kleider anziehen. Sie nehmen dich wieder bei der Hand und führen dich zurück zu dem Lichtkanal, durch den du mit deinen Begleitern gekommen bist. Dort verabschieden sie sich von dir, und nun ist es Zeit, daß auch du dich bei ihnen bedankst und dich verabschiedest.

Laß deine Erfahrungen nochmals vor deinem inneren Auge Revue passieren, atme die Energie der Selbstliebe tief ein. „Dein" Kumara erinnert dich nochmals an das vereinbarte Zeichen oder an den Namen, mit dem du dich im Alltag schnell mit ihm verbinden und auf die Energie von Venus einschwingen kannst. Dann breitet dein Engel seine Schwingen aus, und du und dein Inneres Kind nehmen darauf Platz, und sanft gleitet ihr den goldenen Lichtfaden wieder hinunter. Weiter und weiter hinunter fliegst du bis zu der goldenen Kugel deines Herzens, in die du dich jetzt wieder hineinatmest.

Du siehst, wie sich der Lichtfaden zur Venus auflöst und du erkennst, daß die Lichtkanäle zu deinem Hohen Selbst und zur Erde immer noch kräftig Energien fließen lassen. Nachdem du nun in deiner Herzenskugel angekommen bist, erlaube dir, der Veränderung der Liebe und durch die Liebe nachzuspüren. Lasse sie ausströmen in jede Zelle, in jeden Körper, in jedes Chakra, in dein Hohes Selbst, in die Erde, ins morphogenetische Feld.

Anschließend bestrahle auch deinen Engel und dein Inneres Kind als Dankeschön mit der Liebe, die du bist, umarme sie und verabschiede dich von ihnen. Dann nimm die liebevolle Verbindung zur Erde wahr, die stark und kräftig pulsiert, und die Präsenz deiner Körper im Hier und Jetzt. Nun schließe die Reise für dich ab, indem du deine Chakren darum bittest, eine für dich jetzt richtige und angenehme Weite anzunehmen.

Dein geheiltes Inneres Kind

In einem Kristallheilungs-Seminar machte die Wesenheit Kiria Deva eine Übung zur Heilung des Inneren Kindes mit uns. Sie verteilte energetische Geschenke an die Inneren Kinder, damit diese sich auffüllen konnten. Dadurch fanden Ausgleich und Heilung in den Systemen statt. Bei solchen Heil-Meditationen sagt die geistige Welt, oder in diesem Fall Kiria Deva, oft, daß Heilung jetzt auf allen Ebenen Raum genommen hat. Damit meinen sie, daß du in diesem Moment wirklich heil bist, durch und durch und auf allen Ebenen.

Du kannst dir das vielleicht so vorstellen: Durch die Übung, durch die Botschaft oder die Meditation hat eine Veränderung der Schwingung stattgefunden, und du hast dadurch die Realität gewechselt. Du befindest dich sozusagen auf einer Ebene deines vollkommen geheilten Seins.

Sehr oft ist es, daß wir nach der Meditation, nach der Botschaft, dieses Schwingungsfeld, diese Realität, die Ebene des heilen Seins wieder verlassen, um auf eine vertraute, nicht-heile (das sollte nicht wertend, sondern beschreibend verstanden werden) Ebene zurückzukehren. Dieses machen wir aus Gewohnheit oder aus Unachtsamkeit.

Wir kehren aber auch deshalb auf diese vertrauten Ebenen zurück, weil es einen Teil in uns gibt, der gar nicht heil sein will, nämlich unser Ego. In meinem Verständnis bildet sich Ego aus der Persönlichkeit und hat somit Anteile sowohl vom emotionalen als auch vom mentalen Sein. Ego hat Angst vor Veränderung, man könnte auch sagen, es hat Angst vor Liebe. Um Ego zu motivieren, sich mit der Seele zu verbinden, sich unter die Führung der Seele zu begeben und sich somit zu transformieren, ist es sehr hilfreich, es zu lieben. Dadurch schaffen wir uns einen Verbündeten für unseren Weg, und es wird dadurch leichter, neue Realitäten anzunehmen und dort zu verweilen.

Denn es ist auch unsere Entscheidung, auf welcher Ebene wir uns bewegen möchten.

Ego ist durch die Illusion der Trennung entstanden. Es baut auf dem Mangel auf und hält an ihm fest. Das Gefühl des „Habenwollens", des „Schützenmüssens" ist in der Energie des Egos geboren. Deshalb fürchten viele Menschen, etwas zu verlieren, zum Beispiel Aufmerksamkeit, wenn sie auf der Ebene des heilen Seins verweilen würden. Sie kehren lieber zu ihren Dramen und den vielen Ausreden zurück.

Die Entscheidung, in der Realität des geheilten Seins zu bleiben, bedarf im Alltag großer Achtsamkeit. Du wirst vielleicht entdecken, wie schnell du immer wieder die Ebene wechselst und die Ausrichtung veränderst. Nun gut, dann freue dich für diese Erkenntnis und wisse, daß du die Freiheit hast, dich erneut zu entscheiden, in welcher Realität du dich bewegen möchtest, und nutze diese Freiheit. Es geht nicht darum, dich selbst zu bewerten, wenn du feststellst, daß du wieder ein Spiel spielst, das du doch eigentlich aufgeben wolltest. Viel wichtiger ist es, dich dafür zu loben, daß du das Spiel durchschaut hast, was durch Selbstbeobachtung geschieht.

Als Einstimmung für die nächste kleine Meditation, bitte ich dich, es dir bequem zu machen.

Rufe die Zwerge und die Feen herein und lade sie ein, dich zu begleiten. Verbinde dich mit der Erde, verbinde dich mit deinem Hohen Selbst, werde eins mit der Erde und mit deinem Hohen Selbst. Erlaube dir, mit Hilfe deines Atems die Einheit, die du bist, die Einheit zwischen Himmel und Erde ausstrahlen zu lassen in jede Ebene deines Seins.

Nun gehe mit deiner Aufmerksamkeit bitte zu deinem Herzen. Nimm deinen Herzschlag wahr, der sicher und zu-

verlässig pocht. Spüre dich in dein Herz, atme in dein Herz, werde eins mit dem Zentrum deines Herzens.

Nun stelle dir bitte folgende Fragen: Bist du bereit anzunehmen, daß du heil bist? Bist du bereit anzunehmen, daß dein Inneres Kind heil ist? Erlaube, daß die Antwort in dir entsteht und du ein klares Ja oder Nein empfängst. Wenn du ein Nein in dir vernimmst, stell dir eine weitere Frage: Was brauchst du, um auf allen Ebenen zum heilen Sein Ja sagen zu können? Erlaube dir, auch hier eine klare Antwort zu erhalten und schenke dir selbst in fröhlicher Zusammenarbeit mit den Wesenheiten des Blauen Volkes, die du am Anfang eingeladen hast, die Energien, die Kräfte, oder was auch immer du brauchst, damit du bereit sein kannst, Heilung anzunehmen.

Wenn du ein klares Ja deiner Bereitschaft empfangen hast, dann erlaube dir, mit deiner Aufmerksamkeit wieder zu deinem Herzen zurückzukehren. Auch dieses Mal bitte ich dich, dir dein Herz als großen Raum vorzustellen, in den du eintrittst und in dem du dich umsiehst und es dir gemütlich machst. Vielleicht mußt du wieder einmal Staub wischen oder die Bilder gerade hängen? Vielleicht die Vorhänge abnehmen und neu waschen oder alte Möbel durch neue ersetzen? Vielleicht bist du aber auch immer noch zufrieden mit deinem Herzensraum, so wie er ist? Auf jeden Fall richte ihn dir ein, wie du möchtest, und wenn alles deiner Vorstellung entspricht, genieße ihn, lobe dich für dein Tun und atme tief ein und aus.

Nun bitte dein Inneres Kind zu dir in deinen Herzensraum. Begrüße es, umarme es und sieh seine Freude über deine Einladung. Ihr habt nun ein paar Minuten Zeit, euch auszutauschen und euch einfach lieb zu haben und im Arm zu halten. Dann bitte dein Inneres Kind, eine Tür deines Raumes zu öffnen und dahinter ein Flugobjekt zu entdekken, mit dem es jetzt gerne mit dir auf die Reise gehen möchte. Das kann der altbewährte Besen oder Teppich sein, ein Flugzeug, ein Bett, ein Staubsauger, ein Pegasus oder ein Phantasiegebilde, auf dem du und dein Inneres Kind nun Platz nehmen. Und los geht die Reise.

Du gleitest bei einer Öffnung deines Herzens hinaus und fliegst über deine Wohnung, dein Haus, den Ort, an dem du lebst, über das Land, in dem du wohnst, weiter über Berge, Seen, Meere. Der Wind bläst dir um die Ohren, und du fliegst durch die Wolken. Spüre die Freude, die in dir und deinem Inneren Kind ist, und atme sie in jede Zelle deines Seins.

Euer Weg führt euch weiter in eine Ebene jenseits von Raum und Zeit. Und in der Ferne kannst du bereits das große Hochhaus erkennen, das bunt bemalt ist und an dessen Eingang du nun sanft mit deinem Inneren Kind landest. Du gibst deinem Inneren Kind den Auftrag, ein paar Zaubersprüche zu sagen und Simsalabim, ist das Fluggerät so klein, daß es dein Kind mühelos in seine Tasche stekken kann.

Nun erlaube dir, dich ein bißchen umzusehen und das Haus genauer zu betrachten. Es ist sehr originell und erinnert ein bißchen an ein Bauwerk von Friedrich Hundertwasser, einem bekannten Künstler. Du bist schon ganz gespannt, wie es innen aussieht, und gehst mit deinem Inneren Kind hinein in ein geräumiges Foyer mit Wasserspielen und vielen grünen Pflanzen.

Du findest einen bunten Aufzug und steigst mit deinem Inneren Kind ein. Nun bitte dein Inneres Kind, jene Etage auszuwählen, die für die Ebene deines geheilten Inneren Kindes steht. Zielgerichtet drückt dein Kind einen Knopf, und der Fahrstuhl gleitet die Stockwerke hinauf – bis zu der gewählten Nummer. Die Tür des Aufzugs öffnet sich, und du kannst mit deinem Inneren Kind durch deine klare Entscheidung die Realität, die Etage deines geheilten Inneren Kindes, betreten.

Schon nach den ersten Schritten wirst du feststellen, daß sich dein Inneres Kind verändert hat, sowohl energetisch als auch optisch. Und du wirst auch bemerken, daß du dich verändert hast, sowohl energetisch als auch optisch. Du mußt hier nichts mehr an Trauer loslassen, weil du keine mehr hast, weil du auf dieser Ebene bereits im geheilten Sein bist und nichts mehr tun mußt, um Heilung zu erreichen. Im Gegenteil, du spürst die Leichtigkeit, die Lebensfreude, die Neugierde auf das Leben. Atme diese Energien in dein Sein und erkenne, daß auch dein Inneres Kind sich an den Energien erfreut und sie atmend annimmt.

Nun erlaube dir, deine Etage im Bewußtsein des heilen Seins zu entdecken und zu erforschen. Mache mit deinem Inneren Kind einen Rundgang. Wie sieht dieses Stockwerk des heilen Inneren Kindes für dich aus? Wie ist es eingerichtet? Welche Farben siehst du? Gibt es Tiere, Pflanzen, andere Menschen oder Wesen? Erfahre den Ausdruck deines heilen Seins mit allen Sinnen, und dafür lasse ich dir jetzt ein bißchen Zeit.

Atme die Energie des heilen Inneren Kindes in jede Ebene deines Seins und werde eins mit dieser Energie. Und auch dein Inneres Kind wird eins mit dieser Energie.

Nun ist es Zeit, wieder zurückzukehren, und du gehst mit deinem Inneren Kind zu einem geöffneten Fenster. Du bittest dein Kind, euer Flugobjekt wieder aus seiner Tasche zu ziehen und, Abrakadabra ist es wieder groß genug, daß ihr darauf Platz nehmen könnt.

In dem Bewußtsein der Einheit mit dem heilen Sein des Inneren Kindes fliegt ihr zurück über die Landschaften und Länder, über die Berge und über das Wasser, über die Stadt und über das Haus in die Ebene des Herzensraums, aus dem ihr gestartet seid.

Erinnere dich an die Etage des heilen Seins und nimm ein Bild davon in dein Herz. Atme dieses Bild größer und größer und erlaube, daß es sich ausdehnt, bis es eins ist mit all deinen Körpern, mit all deinen Chakren, mit all deinen Ebenen, und verankert ist im solaren Kern der Erde und im morphogenetischen Feld.

Bedanke dich nun bei deinem Inneren Kind und erkenne, daß es heil ist, und erlaube, daß die Energie des geheilten Inneren Kindes nochmals ausfließt in deinem gesamten Sein und überfließt in die Situationen deines Alltags, und sieh, wie sich diese in leichte und freudvolle Begegnungen und Erfahrungen verwandeln.

Nun verabschiede dein heiles Inneres Kind aus dem Zentrum deines Herzens. Bedanke dich auch bei den Elfen und Zwergen und bitte sie, dich weiterhin daran zu erinnern, daß du immer die Möglichkeit hast, dich für die Leichtigkeit des Lebens zu entscheiden, und verabschiede dich von ihnen.

Nun bringe dich selbst vollkommen geerdet, zentriert, im Bewußtsein des heilen Inneren Kindes zurück ins Hier und Jetzt. Abschließend bitte deine Chakren, sich auf das für dich angenehme Maß zu öffnen oder zu schließen. Bedanke dich bei dem Blauen Volk.

Genieße die Energie des geheilten Seins.

Heilung anzunehmen heißt auch, Verantwortung für seine Gedanken und Worte zu übernehmen. Du kannst sicher sein, daß du die Ebene des geheilten Inneren Kindes wieder verlassen hast, wenn du dich mit anderen Menschen triffst und ihnen erzählst, daß dein Leben schwer ist, du nicht genug Freizeit für dich hast, du Streß hast, deine Herkunftsfamilie so grausam war, die Nachrichten dich deprimieren und das Wetter dich ohnehin nervt. Wenn dir all dies auffällt, hast du wieder die freie Wahl, zu bleiben, wo du bist, oder deine Etage zu wechseln und dich wieder an dir und deinem Leben zu erfreuen. Denn eigentlich ist es ganz einfach, unsere Mitschöpferkraft zu nutzen, auch wenn wir uns das nicht vorstellen können.

Channelings aus dem Seminar „Heilung des Inneren Kindes“/Chiemsee

Dieses ist Galadria, ich grüße euch aus den Ebenen der Raumbruderschaft, und ich nähere mich euch in der Farbschwingung des elektrisch blauen, elektrisch rosa und elektrisch grünen Lichts, das im weitesten Sinne ein Aspekt der fünfdimensionalen Farben ist.

Erlaubt, daß eure Herzen berührt werden von diesen Farben und euer Herz sich erweitert in das Bewußtsein eines kosmischen Herzens. Das kosmische Herz ist das Herz der Liebe, das Herz des Vertrauens, das Herz der Verbundenheit mit allem, was ist. Erlaubt, daß dieses kosmische Herz in euch schlägt. Daß ihr euch gewahr werdet, ein kosmisches Herz zu haben. Ein kosmisches Herz, das voller Liebe blickt auf die Ebenen eures Inneren Kindes. Das euer Inneres Kind nicht leiden läßt, sondern ihm Liebe, Einheit und Vertrauen schenkt. Erkennt, daß durch die Aufarbeitung, durch die Aufwärmung alter Dinge, ihr eurem Inneren Kind nicht Heilung bringt, sondern Schmerzen zufügt. Ihr sorgt so dafür, daß das Innere Kind immer wieder und immer wieder im Leiden bleibt. Deshalb ist es wichtig, das Innere Kind an der Hand zu nehmen und es hinauszuführen aus dem Leid, aus der Dichte, aus der Schwere, aus der Traurigkeit hinein in das Bewußtsein des Heilseins, der Leichtigkeit, der Liebe, der Geborgenheit und des Vertrauens. Und deshalb ist ein kosmisches Herz von Wichtigkeit. Damit ihr diese Hand reichen könnt eurem Inneren Kind, anderen Inneren Kindern und allen Kindern, die auf dieser

Erde sind. Nicht über Heilsein sprechen, heil *sein*, - darum bitten wir euch.

Dies ist der Gruß, die Botschaft eurer Geschwister in den Ebenen der lichten Raumbruderschaft.

Ich bin Galadria und lenke meinen Segen und den Segen der Raumbruderschaft hinein in euer Sein.

Und dieses ist Haniel, und ich grüße euch als Abgesandter des rosafarbenen Strahls, und ich sende hinein in euer Sein die Freiheit.

Erlaubt, euch zu umspielen mit dem rosa Licht der Liebe, um dadurch in euren Systemen die Angst zu lösen, die ihr vor Freiheit habt, die Angst, die ihr vor Unendlichkeit habt, die ihr vor Flexibilität habt, die ihr vor Einheit habt. Erlaubt, daß das rosafarbene Licht euch umspielt, euch durchdringt und Freiheit bringt. Freiheit in eure Zellen, Freiheit in eure Körper, Freiheit in eure Visionen, Freiheit in eure Beziehungen, auch in die Beziehung zu eurem Inneren Kind, Freiheit bringt in alles, was ihr möchtet, in alles, was für euch wichtig ist. Freiheit nehme Raum in euren Herzen. Freiheit nehme Raum in euren Basiszentren und in allen Ebenen eures Seins.

Dieses ist Haniel. Seid gesegnet.

Dieses ist Hilarion. Segen und willkommen.

Wisset, daß wir sehr erfreut sind über euer Tun, und ich bitte euch, daß ihr nun in die Entspannung geht. Wir möchten euch loben für euer Tun, das heißt, daß es nun wichtig ist für euch, dieses Lob auch anzunehmen, und wir euch deshalb bitten, in die Entspannung zu gehen, euch zurückzulehnen und in euer Herz das Lob zu atmen, das wir aussenden aus unseren Ebenen in euer Sein. Dieses Lob erfülle euer Inneres Kind, auf daß auch dieses von uns gelobt werde und sich dadurch erfreuen kann an der Veränderung, die geschehen ist.

Nun ist es wichtig zu erkennen, daß Veränderung auch dann geschieht oder nur dann geschieht, wenn ihr euch erlaubt, Veränderung anzunehmen, weshalb ich mit meiner väterlichen Qualität heute zu euch spreche, euch als meine Kinder bezeichnen möchte und euch als Vater sozusagen bitten möchte, als Vater euch einen guten Rat mitgeben möchte auf euren Weg: Veränderung auch anzunehmen! Nicht immer nur zu schimpfen oder zu sehen, was noch zu tun ist, wie weit der Weg noch ist. Sondern daß ihr erkennt, was ihr geleistet habt und was ihr verändert habt in eurem Sein, und daß dieses euch in eine innere Freude und einen inneren Frieden bringt. Das wiederum ist wichtig für den nächsten Schritt. So kann Veränderung auf allen Ebenen Raum nehmen, denn durch die Stille, die in euch entsteht, durch den Frieden, der in euch entsteht, sinken Veränderungen aus den feinstofflichen Bereichen in das Erfahrbare, in das Erlebbare der dritten Dimension. Das heißt, daß heute sehr viel Veränderung in euren Systemen auf feinstofflichen Ebenen geschehen ist und wir euch bitten, euch dafür zu loben und euch darauf zu fokussieren, daß Veränderung ist, daß mehr Heilsein, mehr Freiheit, mehr Liebe, mehr Einverstandensein mit euch selbst Raum genommen hat in eurem System.

Wir bitten euch, achtsam zu sein mit euren Gedanken, mit euren Worten, mit euren Emotionen, die ihr durch eure Gedanken und durch eure Worte ins Leben ruft. Denn wisset, wir sprachen dieses oft bereits, wir wiederholen dieses. Wir sind bei vielen Seminaren anwesend und sehen, daß ihr, während wir die Übungen mit euch machen, während andere Wesen Übungen mit euch gestalten, während wir unsere Botschaften geben, ihr fleißig nickt und begeistert seid, voller Freude mitmacht. Es hat manchmal den Anschein, daß ihr nicht genug bekommen könnt von unseren Energien, was manchmal in eine Art Konsumorientiertheit ausartet. Dennoch, wir können darüber schmunzeln, und wir haben Vertrauen in unsere Kinder, die ihr seid, und sagen uns: Unsere Kinder werden es schon erkennen, daß alles in ihnen ist und daß sie auf ihrem Weg erkennen werden, daß auch das Vertrauen in ihnen ist, und daß auch die Fähigkeit der Veränderung in ihnen ist.

Diese Fähigkeit liegt nicht in unseren Ebenen und geschieht auch nicht durch unsere Botschaften und unsere Energien, sondern aus euch selbst heraus. Väterlich, mütterlich wie wir sind, nähren wir das Vertrauen in euch, indem wir euch Vertrauen entgegenbringen. Erkennt, daß ihr hier, um zurückzukommen zu dem, was ich eigentlich sagen wollte, brav unseren Worten lauscht, und dann geht ihr hinaus aus dem Seminarraum und dann tut ihr so, als hättet ihr nie eine Botschaft, nie eine Schulung von uns erhalten, nie eine Übung mit uns gemacht. Ihr beginnt wieder auf das zu schimpfen, worum wir euch gerade gebeten haben nicht zu schimpfen, sondern in das Einverstandensein zu gehen. Seien dieses Lehrer, seien dieses schulische Einrichtungen, seien dieses andere Menschen, andere Institutionen, Gegebenheiten, Stoffe, die in Nahrungsmitteln sind oder sonst irgendwo herumschwirren.

Wir üben mit euch das Einverstandensein, wir üben mit euch das nicht-in-der-Wertung sein, und dann geht ihr hinaus, beginnt Gespräche, beginnt zu denken und laßt dabei Emotionen hochkommen, die in der Wertung sind, die im Glauben sind, daß es jemanden gibt, der besser oder schlechter sei; daß es jemanden gibt, der heiler oder nicht so heil ist; daß es jemanden gibt, der euch Schaden zugefügt hat. Und ihr beginnt wieder, Verantwortung an andere Wesen abzugeben, Macht abzugeben.

Gut. Ich bitte euch, darauf zu achten, nicht so sehr in der Trennung zu sein, daß ihr glaubt, daß ein Seminarkontext etwas anderes ist als eure Kaffeepause. Erlaubt euch, diese beiden Ebenen miteinander zu verbinden. Erlaubt euch, daß ihr das, was ihr im Seminar so sehnsüchtig erwartet und empfangt, mit hinauszunehmen und es umzusetzen. Denn erlaubt, manchmal erscheint es uns so, als wären wir eine Schallplatte, die einen Kratzer hat und wir immer und immer wieder die gleichen Botschaften an euch richten. Erlaubt, daß dieses, wenn wir ein Ego hätten, ein egoistischer Gedanke ist, euch zu bitten, hier die Vereinigung von Seminarkontext und Pause zusammenzubringen, damit wir nicht immer die gleichen Sätze wiederholen müssen, sondern auch einmal neue Formen, neue Worte wählen können, um euch weiter zu unterrichten, um euch weiter zu begleiten und um uns mit euch auszutauschen und von euch unterrichtet zu werden, auch von euch begleitet zu werden.

- Bitte, dieses war ein Scherz.

Erkennt, daß wir voller Liebe und auch voller Geduld für euch sind und in diesem Bewußtsein, Botschaften auch gerne wiederholen. Dennoch bitte ich euch als Meister, die ihr seid, als Mitschöpfer, die ihr seid, als Christus im tätigen Tun, der ihr seid, mehr darauf zu achten, dieses genannte Sein nicht an der Garderobe abzugeben (so würdet ihr dieses nennen), wenn ihr den Seminarraum verlaßt, sondern dieses weiter mitzunehmen in euer alltägliches Sein. Und das alltägliche Sein geht auch über diesen Vorraum hinaus. Auch in euren Familien, in eurem Zuhause bitten wir euch, achtsam zu sein, liebevoll mit euch zu sein, zu sehen, wie ihr über euch denkt, wie ihr über andere denkt, wie ihr sprecht und auch, wie ihr fühlt. Dieses ist eine Bitte, die ich hineinlenken möchte in diesen Kreis, damit ihr euch gegenseitig unterstützt und erinnert an das Einverstandensein, das in euch ist mit allem, was ist. Und ich bitte euch nun auch, euer Inneres Kind einmal im Fokus des geheilten Seins zu betrachten oder des Seins, das im Heilwerden begriffen ist, und nicht am Mangel oder am Schmerz eures Inneren Kindes festhaltet.

Achtet bitte darauf und erlaubt, daß ich den Segen aus unseren Ebenen hineinlenke in euer Sein, in euer Tun, und euch hiermit einen wunderschönen Ausklang dieses Tages wünsche, voller Freude, voller Leichtigkeit, voller Einheit zwischen Seminarraum und Vorraum und alltäglichem Sein, und daß ich euch einen genußreichen Abend wünsche mit aufbauenden Gesprächen, mit positiven Erfahrungen, Erlebnissen und Berichterstattungen, auf daß ihr erfüllt und voller Freude in euer Bett steigen könnt und erfüllende Träume habt, die euch dann am morgigen Tag wieder in die Materie zurückbringen, und wir uns sehr freuen, den morgigen Tag mit euch zu verbringen und unsere Kommunikation auszubauen und die Energie der Einheit mehr und mehr in euch und mit euch zu üben und auszudehnen, nicht nur in euch und in dieser Gruppe, sondern über diesen gesamten Erdenstern.

Dieses ist Hilarion, seid gesegnet. Om Shanti.

Der Friede erfülle euer Sein und erlaubt, daß ihr nun den Rest des Tages verbringt in Freude, in Leichtigkeit und im Bewußtsein des heilen Seins, das ihr seid.

Dieses ist Hilarion. Om Shanti.

Der Friede erfülle euch noch einmal. Auch dieses ist eine Wiederholung. Möge er durchgedrungen sein durch alle Ebenen eures Seins, damit ihr den Frieden über diesen Raum mithinausnehmt und in die Welt tragt.

Dieses ist Hilarion in väterlicher Zuneigung. Seid gesegnet. Amen.

Und was ist mit den „negativen“ Emotionen?

Das ist eine berechtigte Frage. Nun, die gibt es natürlich auch. Es gibt Energien wie Sichverletztfühlen, Schmerz, Trauer, Enttäuschung, Scham, Schuld – in der Phase der Identifikation. Es ist wichtig, diesen Emotionen zu erlauben zu sein, Ja zu ihnen zu sagen, wenn du sie wahrnimmst, sie anzuerkennen, sie zu lieben und ihnen Raum zu schenken. Dennoch geht es darum, das Ziel nicht außer acht zu lassen, nämlich die Lösung aus der Identifikation mit den Emotionen und die Ausrichtung auf den heilen, göttlichen Kern, der du bist.

Das ist ein Weg, ein Prozeß der Heilung, der manchmal Jahre dauert, manchmal Wochen und manchmal zwei Minuten. Die Dauer bestimmt jeder Mensch für sich selbst, hier nutzt er seine Mitschöpferkraft.

In den Einzelsitzungen kommen immer wieder Menschen zu mir, die ihre Kinder verloren haben. Ich spüre dann sehr deutlich, ob die Trauerarbeit aktiv gestaltet wird, das heißt, ob eine Bereitschaft der Veränderung vorhanden ist oder nicht. Ich nehme wahr, ob die Mutter vielleicht noch Zeit braucht, um zu weinen und zu trauern, aber dennoch bereit ist, weiterzuleben und so ihren Schmerz irgendwann integriert haben wird, oder ob sie festhält an dem Leid und eine Hinführung zum Leben nicht annehmen möchte, sondern lieber in der Trauer verhaftet bleibt. Das bedeutet, daß sich dieser Mensch nicht aus der Identifikation des schmerzhaften Verlusts lösen möchte, und er wird daher sein Leben nicht unbedingt als leicht empfinden. Dennoch ist es seine freie Wahl, wie er mit dem Verlust eines geliebten Wesens umgeht.

So ist es also wichtig, dir zu erlauben, wütend zu sein, wenn du wütend sein willst; dir zu erlauben, traurig zu sein, wenn du traurig sein willst; dir zu erlauben, dich verletzt zu fühlen, wenn du dich verletzt fühlen willst, usw. – als vorübergehende Phase. Denn alle diese Emotionen sollten dich nicht daran hindern, das zu tun, was du tun und was deine Seele auf dieser Erde ausdrücken möchte. Du bist Herr und Meisterin in deinem System, nicht deine Emotionen.

Früher konnte ich nicht verstehen, was damit gemeint war. Ich bin ein sehr emotionaler Mensch, und es war mir nicht möglich, mir vorzustellen, daß ich auf die Welle der Emotionen, die über mich hereinbrachen und denen ich scheinbar hilflos ausgeliefert war, Einfluß haben könnte. Viel eher schien es mir, als würden diese „Urgewalten" mein Leben bestimmen und ich müßte nach ihrer Pfeife tanzen, und ich dachte, das würde sich auch so gehören.

Gott und Göttin sei Dank entwickelte ich mich weiter. Ich entdeckte, daß ich auch ein mentales Sein habe, das gar nicht faul sein wollte, und mit seiner Hilfe übte ich mich in der Kraft der Zielgerichtetheit. Mein emotionaler und mein mentaler Körper begannen zusammenzuarbeiten, und heute kann ich mich meinen Gefühlswallungen hingeben, wenn ich möchte, und Stop sagen, wenn ich es nicht (mehr) möchte.

Den Raum für deine Emotionen kannst du dir auf verschiedene Arten und Weisen schaffen. Du kannst zum Beispiel, wenn du wütend oder traurig bist, Briefe schreiben, die du anschließend verbrennst; Joggen gehen, Holz hakken, tanzen, schreien, weinen, Porzellan zertrümmern, putzen oder eine Kali-Meditation machen.

Die Kali-Meditation ist eine dynamische Übung, bei der du die Freiheit hast, in einem geschützten Rahmen zu brüllen, zu stampfen und zu toben. Du bestimmst auch, wie oft und wie lange du deiner Emotion Aufmerksamkeit schenken möchtest. Somit übergibst du ihr nicht die Macht über dich und dein Leben. Du wirst an den Punkt kommen, an dem es dir keine Freude mehr bereiten wird, das Spiel des Wütendwerdens und Verletztseins zu spielen, wenn jemand sagt, du würdest aussehen wie Pippi Langstrumpf, nur weil du ein paar Sommersprossen hast. Es wird dich nicht mehr berühren. Das ist der Ausdruck der Heilung.

Doch bereits auf dem Weg dorthin wirst du immer mehr wahrnehmen, daß du im Moment entscheiden kannst, auf eine Aussage einzusteigen und emotional zu reagieren, oder sie einfach stehen zu lassen. Und selbst wenn du dich entscheiden solltest, wütend zu werden, wird es eine bewußte Entscheidung sein, und das ist vollkommen in Ordnung, denn es geht auch hier nicht um Bewertung, sondern um Erkenntnis. Dann beginnst du, mit den Energien in deinem Leben bewußt zu spielen, sie bewußt zu lenken und sie konstruktiv einzusetzen. Es ist deine Energie der Wut, der Trauer, aber auch der Freude, die du empfindest, und es ist nicht Sinn und Zweck, sie an anderen auszulassen oder sie von anderen zu übernehmen oder sie zu übergeben. Sondern die Aufgabe besteht darin, die Verantwortung für deine Emotionen zu übernehmen und sie dadurch zu verändern, wenn du möchtest.

Bei Rückführungen kannst du das wunderbar beobachten. Früher glaubten wir, daß es wichtig sei, in den alten Schmerz einzusteigen, ihn noch einmal zu erleben und dachten, dieses würde zur Freiheit führen. Doch was wir meistens erreichten war ein Aufwärmen der alten Suppe, was nur zu einer Aktualisierung und Potenzierung führte, nicht aber zu einer Erlösung. Jetzt wissen wir, es ist nicht nötig, durch die Erfahrung zu gehen. Es reicht, wie in einem Kino zu sitzen und sich einen Film anzuschauen.

Dennoch geht es bei Rückführungen nicht um ein spirituelles Fernsehen, sondern um die Lösung der Identifikation mit der früheren Rolle.

Zusammenfassend möchte ich sagen, daß es also auf dem Weg zum heilen Sein unterstützend ist, den Emotionen Aufmerksamkeit, aber keine Macht über sich zu geben und sich immer wieder auf das Hohe Selbst, auf das göttliche Sein, auszurichten und dieses Bewußtsein in sich zu stärken. Das ist aus meiner Erfahrung heraus ein zielgerichteter Weg der Entwicklung zum kosmischen Menschen!

Die Verbindung zu den Kindern im Außen

Wie ich in meinem Buch „Die Kinder der Neuen Zeit“ bereits geschrieben habe und wie es die geistige Welt immer wieder betont, besteht ein enger Zusammenhang zwischen der Beziehung, die wir zu unserem Inneren Kind leben, und der Beziehung zu unseren Kindern im Außen.

Wenn eine Seele sich für eine Inkarnation entscheidet, gleitet sie durch das aurische Feld der Eltern und sammelt dabei Energien ein, die sie im emotionalen Kleid speichert. Das war zum Beispiel der Weg, den Rowena wählte, als sie sich während der Schwangerschaft aus meiner Aura die Information über die Möglichkeit der allergischen Reaktionen mitnahm und nach der Geburt für sich und ihre Erfahrungen nutzte.

Meistens kennen wir die Eltern der Kinder, die unsere Seminare im Lichtgarten besuchen. Und so gewinnen wir bei den Verhaltensweisen der Kinder oft den Eindruck, als ob sie die gleichen Themen wie ihre Eltern zu behandeln hätten.

Wir kennen zum Beispiel eine Mutter, deren Inneres Kind immer wieder an dem Gefühl festhält, alleine zu sein, alleine gelassen worden zu sein und zu wenig Liebe in ihrer Kindheit erfahren zu haben. Während des Kiria Deva Kristall-Seminars für Kinder war ihr eigenes Kind anwesend, das sich eine zeitlang nicht wohl, nämlich alleine fühlte. Es wiederholte das Programm der Mutter.

Um Heilung zu finden, sollte die Mutter beginnen, ihr Inneres Kind als heil anzunehmen und sich von der Identifikation ihrer „mangelhaften“ Kindheit lösen. Dadurch hätte das Kind ein Vorbild und könnte sein heiles Sein leben.

Doch ich selbst bin Beispiel genug: Wie ich bereits erwähnt habe, bin ich auch ein Wesen, das es viele Inkarnationen lang genossen hat, über Schmerz und Leid zu lernen. Vieles davon habe ich schon verändert, an einigen

Gewohnheiten halte ich noch fest. So kann ich zum Beispiel sehr wehleidig sein und renne dann sofort zu Antan und sage, bitte sende mir dieses und stelle mir jene Kräfte für die Heilung zur Verfügung. Ich gebe eben immer noch gerne Verantwortung für mein heiles Sein ab. Außerdem schätze ich Antans Qualitäten der Zielgerichtetheit in der Kraftlenkung sehr und weiß, daß, wenn ich ihn bitte, er diese Bitte zu meiner Zufriedenheit und Genesung ausführt. Unsere Tochter Rowena kennt dieses Spiel auch schon sehr gut, und sie weiß, daß sie immer Aufmerksamkeit erzielt wenn sie sagt, daß ihr etwas fehlt. So sagte sie mir neulich, als ich sie ins Bett bringen wollte, mit mitleiderregender Stimme: „Mir tun meine Ohrelen weh, ich habe zu viele Tortellini gegessen."

So zeigt sie mir immer wieder, wo ich selbst mit meinen Überzeugungen und Begrenzungen stehe.

Hier geht es also auch darum, daß ich mich mehr und mehr von allen Glaubenssätzen der Schwere und des Leids und der Disharmonien löse, und somit auch Rowena eine erweiterte Spielmöglichkeit des Spiels des Lebens vorzeigen kann.

Auf dem Weg dorthin ist es im übrigen sehr hilfreich, den Humor nicht zu verlieren und über sich selbst und über die Aussagen der Kinder zu lachen.

In einer Einzelsitzung nahm Hilarion Stellung zu dem Wechselspiel der Energien zwischen Eltern und Kindern und brachte ein anschauliches Beispiel.

In dem Channling ging es darum, daß eine Frau über die Annahme ihrer männlichen Kraft ihre empfangende Seite aus der Energie des Opferseins lösen sollte. Hilarion riet ihr, doch auch mal ihre Kraft auszuprobieren, Grenzen zu setzen und ruhig mal mit der Faust auf den Tisch zu hauen.

Ihr Zwischenkommentar war: Mein Sohn hat aber gehörig Angst, wenn ich mal brülle!

Und Hilarion antwortete:

Erkenne, das ist doch sehr praktisch, wenn er dieses dir zuliebe tut, denn erkenne, es ist für dich nur wieder eine Ausrede, dich selbst zurückzunehmen. Sieh das Wechselspiel, das zwischen dir und deinem Sohn herrscht. Und wie praktisch es ist, daß viele Reaktionen deines Sohnes genau das sind, was dein Sein eigentlich möchte. Auch er spielt ein Spiel mit dir, und du spielst ein Spiel mit ihm, und du spielst ein Spiel mit der Welt, denn du gehst sehr gerne in die Energie des Opfers. Denn erkenne: Du spielst die Rolle des Opfers, wenn du mit jemanden sprichst und dann sagst: Ich verstehe es nicht, warum ist dieses oder jenes schon wieder so?

Ich gebe dir eine Frage zurück: Warum erlaubst du, daß dieses (= leidvolle Erfahrung, Anm. Ava) so ist. Du bist die Meisterin in deinem System. Du bist die Meisterin deiner Macht, du bist die Meisterin deiner Ohnmacht. Du bist auch die Meisterin deines Glaubens und deines Zweifels. Erkenne, daß du das Universum bist, um das sich alles dreht in deinem Leben. So wie jeder andere sein Universum ist, um das sich auch alles dreht.

Kinder sind schlau und sehr sensibel und wissen genau, was wir von ihnen erwarten und auch, wie sie unsere „Knöpfe“ drücken können.

Ein wichtiger Lernschritt für mich im Zusammensein mit meinen Kindern ist, ihnen ihre Verantwortung für ihre Erfahrungen zu geben und meine für mein Leben anzunehmen. Das heißt, meinen Weg des Herzens zu gehen, genauso wie ihnen die Freiheit zu geben, ihren Weg gehen zu dürfen. So entsteht Partnerschaft.

Zusätzlich gab die geistige Welt für dieses Kapitel noch folgende Botschaft:

Dieses ist Haniel, in Verbindung mit Gabriel, in Verbindung mit Metatron.

Wir sind gekommen als Gesandte aus den Reichen der Engel, um euch zu grüßen, um euch zu segnen und eure Kinder. Erkennt, daß Einheit ist zwischen eurem Inneren und äußeren Kind. Und deshalb laden wir ein, euer geheiltes Kind spielen zu lassen, wenn ihr seid mit euren Kindern. Euer geheiltes Kind zu fragen, was es braucht und was es möchte, um dieses dann auch zu teilen mit euren äußeren Kindern.

Viele eurer äußeren Kinder sind gekommen, um euch bei der Heilung eures Inneren Kindes behilflich zu sein. Doch viele von euch haben dieses nicht verstanden und versucht, die äußeren Kinder zu erziehen. Erkennt, es geht nicht darum, im Außen zu verändern, sondern es geht darum, im Inneren zu verändern. Dieses bedeutet, daß der Weg zu euren Kindern der Weg über eure eigene Veränderung ist - die Veränderung, die das geheilte Sein eures Inneren Kindes mit sich bringt.

Erlaubt euch, euch einzulassen auf die Schwingung eures geheilten Inneren Kindes. Und dann tanzt und lacht mit euren Kindern und freut euch des Lebens mit euren Kindern. Laßt euch berühren und laßt euch anstecken von der Fröhlichkeit, von der Leichtigkeit eurer Kinder. Wenn ihr euer geheiltes Kind mit euren Kindern spielen laßt, werden auch ihre Inneren Kinder heil sein. Erkennt, daß dieses Heilung aller Inneren Kinder bedeutet.

Ein geheiltes Inneres Kind hat die Kraft, alle anderen Kinder, alle anderen Inneren Kinder, mit denen es in Berührung kommt, heil sein zu lassen. Erkennt die Kraft, die in euch ist.

Und nun tanzt mit euren Inneren Kindern. Tanzt mit euren äußeren Kindern, singt mit euren Inneren Kindern und singt mit euren äußeren Kindern. Lebt die Fülle eures Inneren Kindes mit euren äußeren Kindern und erschafft so das Neue Zeitalter. Seid Boten des Neuen Zeitalters. Seid Boten der Heilung. Des heilen Seins. Seid Boten der Befreiung. Seid Boten des Lachens und seid Boten der Leichtigkeit. Seid Boten des Tanzens, des Malens, des Singens. Seid Boten des göttlichen Seins, das ihr seid. Die Ebene eures Inneren Kindes, eures geheilten Inneren Kindes, ist eine Ebene voller Weisheit. Ist eine Ebene voller Lebendigkeit, Neues auszuprobieren.

Die Ebene eures Inneren Kindes, eures geheilten Inneren Kindes, ist voller Neugierde auf das Leben, es vollkommen zu durchdringen, eins zu sein mit allem, was ist. Erlaubt, daß dieses geheilte Innere Kind nun strahlt in eurem Sein. Und erlaubt, daß dieses ausgesandt wird zu euren Kindern und zu euren Enkelkindern und Urenkelkindern.

Und erlaubt, daß die Energie der geheilten Kinder zurückfließt zu euren Eltern. Egal, ob diese noch im physischen Sein sind oder bereits die Dimension gewechselt haben. Laßt strahlen das geheilte Kind zurück in eure Ahnenreihen, weit zurück, bis an den Ursprung. Und laßt strahlen die

Energie des geheilten Kindes in alle eure Projekte, die auch Kinder sind, wenn ihr sie ins Leben ruft. Auch für diese seid ihr nährend und sorgend, und deshalb sind sie eure Kinder und brauchen auch, möchten auch die Energie eures geheilten Inneren Kindes.

Also sendet diese Kraft hinein in eure Projekte. Sendet diese Kraft des geheilten Inneren Kindes in die Erde und sendet sie hinaus in die Welt; zu allen Kindern und zu allen Institutionen, wo Kinder sind. Sendet die Energie des geheilten Inneren Kindes zu allen Menschenkindern, die hier auf dieser Erde sind, und sendet die Energie hinaus in den Kosmos, hinaus zu den Sternen, von denen ihr gekommen seid, und hinaus zur Quelle allen Seins. Die Kraft des geheilten Kindes nehme Raum, und die Liebe des geheilten Kindes ströme ein. Friede ist und Stille.

Eure Inneren Kinder sind nun geheilt und tanzen mit uns Engeln zum Lobpreis der Schöpfung.

Seid gesegnet. Elohim Sabbaot Amen.

Dieses ist Haniel, in Verbindung mit Gabriel, in Verbindung mit Metatron. Amen.

Erleuchtung und Kaffee trinken

Erleuchtung und Kaffee trinken passen gut zusammen. Gelebte Spiritualität findet ihren Ausdruck nicht in der Anzahl der besuchten Seminare und der aufgehängten Urkunden und Teilnahmebestätigungen. Die Integration von spirituellem Wissen und Weisheit findet im Alltag statt.

Erleuchtung ist für mich ein Bewußtsein der Verbundenheit mit allem, was ist, und ein bewußtes Sein der Einheit mit allem, was ist.

Jeder Mensch kennt den Zustand der Erleuchtung und hat ihn bereits erfahren, weil wir alle göttliche Kinder sind. Du kannst sie überall finden: in einer Meditation, in der Straßenbahn, bei einem Spaziergang, bei einem tollen Rockkonzert oder eben auch bei einer Tasse Kaffee. Erleuchtung ist nicht an bestimmte Vorkenntnisse gebunden. Ein indischer Meister muß nicht erleuchteter sein als eine westliche Putzfrau oder ein nordischer Bankmanager. Wir tragen alle das gleiche Potential in uns, denn in uns allen lebt ein Inneres Kind, das das Geschenk der Erleuchtung in sich trägt.

Erleuchtung hängt mit der Weite des Herzens zusammen, nicht mit mentalem Wissen, und ein geöffnetes Herz ist die Qualität eines geheilten Inneren Kindes. Neugierde und Lebensfreude sind Eigenschaften des heilen Inneren Kindes und Aspekte des kosmischen Menschen.

Dieser ist ein Mensch, der sich seiner Einheit mit allem, was ist, bewußt ist, ein erleuchteter Mensch, der das Leben genießt und entdecken möchte, wie ein Kind.

Dabei ist es wichtig, ehrlich mit sich selbst zu sein und auf das eigene Herz, auf die eigene Seele, zu hören. Wir sind alle übende Kinder im Bezug auf das kosmische Menschsein.

Laß dich auf diesem Weg nicht von Äußerlichkeiten täuschen, sondern vertraue der Wahrnehmung und der Liebe deines Herzens, deiner Seele und deines geheilten Inneren Kindes.

Persönlicher Ent-wicklungsstandpunkt

Ich schreibe gerne, denn dadurch finde ich Klarheit und eine Form der Motivation, das, was ich „predige“, auch immer wieder selbst auszuprobieren, umzusetzen und zu leben.

Während dieser „spielerischen Arbeit“ hat sich in mir und meinem Sein etwas verändert. Ich habe bemerkt, daß ich jetzt, fast am Ende dieses Buches, nicht mehr innerlich zusammenzucke, wenn ich erwähne, daß sexueller Mißbrauch in unserer Familie stattgefunden hat. Früher wollte ich diesen Ausdruck lieber vermeiden, weil es mir ein bißchen peinlich war und ich mich dafür schämte. Diese Scham habe ich jetzt verloren.

Mir fällt auch auf, daß ich die Energie meines Vaters nicht mehr in meinem aurischen Sein wahrnehme, wenn ich von dem Mißbrauch spreche oder an ihn denke. Es ist nur mehr eine Erinnerung. Mehr Freiheit hat in mir Raum genommen.

Ich kann meinen Vater leichter annehmen, so wie er ist, ihn stehen lassen, ihm emotional leichter begegnen. Ich habe nicht mehr den Wunsch, ihn zu ändern, aber auch nicht mehr das Bedürfnis, zu ihm gehen zu müssen, wenn ich nicht möchte. Ich nehme die Beziehung einfach so an, wie sie im Moment ist.

Dankbar sein für die Erfahrung meiner Kindheit kann ich ihm theoretisch, aber noch nicht aus meinem Herzen. Doch auch das lasse ich einfach stehen und erkenne es an und weiß, daß es eines Tages wie von selbst geschehen wird.

Dem Wunsch meiner Mutter, in die Kommunikation zu gehen, bin ich durch das Schreiben auch gefolgt und habe ihn auf meine Art und Weise umgesetzt.

Und auch Rowenas Haut ist seither viel weicher und heiler geworden.

Mein Inneres Kind ist mir sehr vertraut geworden. Ich rutsche zwar auch immer wieder aus der heilen Etage des Seins in den Keller des Mangels. Dennoch kenne ich mich und mein Inneres Kind mittlerweile so gut, daß ich keine Ausreden mehr brauche und weiß, daß es meine, und nur meine! Entscheidung, ist, ob ich in den Lift einsteigen möchte und wieder hinauffahre oder doch lieber im Keller verweile. Und manchmal bleibe ich dann wirklich noch einige Zeit im Keller – bis es mir zu bunt wird und ich wieder in die Etage des heilen Inneren Kindes fahre.

Vor allen Dingen möchte ich dir aber durch das Erzählen meiner Geschichte Mut machen – Mut, sicher zu sein, daß egal was du erlebt und erfahren hast, du immer die Möglichkeit der Veränderung in dir trägst. Dabei ist es nicht wichtig, ob du zehn, vierzig, sechzig oder einhundertzwanzig Jahre alt bist. Du hast immer die Möglichkeit, dein Leben selbst in die Hand zu nehmen und in Liebe zu dir selbst zu gestalten. Und du kannst auch davon überzeugt sein, daß du niemals alleine bist, sondern immer viele Wesenheiten um dich sind, die dich dabei unterstützen und begleiten möchten.

Erlaube dir, frei zu sein. Erlaube dir, Liebe zu sein. Jetzt!

Zum Ausklang
Botschaften und Worte der geistigen Welt

Dieses ist Hilarion. Erlaubt, daß ich mein heilendes OM nun singe und einfließen lasse in die Ebenen eures Inneren Kindes, eurer Inneren Mutter und eures Inneren Vaters, sowie auch in die Verbindung zu euren Herkunftsfamilien. Laßt klingen die Energie des Friedens, laßt Raum nehmen den Klang des Friedens und erlaubt, daß er sich wellenförmig ausbreiten möge durch euer gesamtes Sein und Umfeld. OM SHANTI, der Friede erfülle euer Sein und durchdringe alle Ebenen eures Seins und Lebens, der Friede werde eins mit euch und eurem Sein, und die Sonne wird sich erheben über den Bergen und der neue Tag wird hereingebrochen sein, der neue Morgen hat begonnen. Seid gesegnet. Dieses ist Hilarion.

Und dieses ist Uriel, und ich sende hinein die Grüße aus dem Reich der Engel in diesen Kreis. Wisset, daß wir euch nun einladen, mit eurem Inneren und äußeren Kinde hinauszugehen, um die Sonne zu begrüßen, die Sonne in euch. Dieses ist möglich, selbst wenn sich die äußere Sonne hinter Wolken versteckt hält. So geht nun hinaus und feiert eure innere Sonne, feiert die Göttlichkeit in euch. Ladet die Wesenheiten des Blauen Volkes ein, ladet andere Engel-Emanationen dazu ein, ladet die Weiße Bruderschaft und die solare Bruderschaft dazu ein. Erkennt, das Begrüßen eurer inneren Sonne bedeutet, anzuerkennen, daß ihr Kinder des Lichts seid, daß ihr Schöpfer eures Lebens seid und daß ihr euch nun herauslösen möchtet aus der Illusion der Dualität und eins werdet mit eurem göttlichen Ursprung, mit eurer Quelle.

Und erkennt, daß ihr alle dieses bereits seid. Daß es nicht mehr darum geht, etwas leisten zu müssen, hart arbeiten zu müssen, sondern daß ihr euch in den Schaukelstuhl setzen oder mit eurem Inneren und äußeren Kind einen Spaziergang machen könnt, um zu erfahren, daß ihr bereits Quelle seid, daß ihr bereits Einheit und heiles Sein seid. Erlaubt, daß euer Inneres und äußeres Kind der Wegweiser sind für euch in das Neue Zeitalter, in das Zeitalter des Friedens.

Erlaubt, euch führen zu lassen von diesen heilen, lachenden, tanzenden Kindern. Und seid mit ihnen heil, lacht mit ihnen, tanzt mit ihnen. Und feiert heute gemeinsam mit der geistigen Welt euer solares Sein, eure innere Sonne. Das Leben ist einfach. Wir haben keine großen Anregungen und Übungen mehr für euch, außer der ständigen Wiederholung, euch eurer Göttlichkeit, die ihr seid, eurer Liebe, eures Lichts, bewußt zu sein und somit anzuerkennen, daß ihr heil seid, daß ihr nichts anderes tun müßt als dieses anzunehmen.

Dieses ist Uriel, und ich segne euch aus den Ebenen der Engel. Seid gesegnet.

Und dieses Uriella, aus dem Reich der Feen, und auch ich möchte euch einladen, zu feiern und zu tanzen, und von jetzt an euer Leben mit eurem Inneren und äußeren Kind auf drei Säulen aufzubauen: Die erste Säule heißt Lachen, die zweite Säule heißt Freiheit, die dritte Säule heißt Liebe. Auf diesen Säulen baut auf die Kraft, die ihr Bewußtsein bzw. bewußtes Sein nennt, das ihr kosmischer Mensch nennt. Wir aus dem Reich der Feen und Zwerge stehen euch zur Verfügung, um euch an diese drei Säulen immer wieder zu erinnern. Malt euch davon ein Bild und hängt es an euren Kühlschrank oder an die Innenseite der Toilettentür, damit ihr sie immer wieder vor Augen habt, und ihr beginnt, euer Leben leicht und freudvoll für alle Wesen, die hier sind, zu gestalten. Erkennt, daß viele von euch sich nach der Kommunikation mit unseren Reichen sehnen. Erkennt, daß die Kommunikation in Leichtigkeit fließt, wenn ihr erlaubt, eurem heilen Inneren Kind diese zu führen. Euer trauriges und verletztes Inneres Kind kann diese Kommunikation nicht führen, kann es doch gar nicht verstehen, was wir zu sagen haben, wenn es schmollend in einer Ecke sitzt. Das gilt übrigens auch für die Kommunikation mit den Engeln.

Das heißt, es ist uns ein großes Anliegen, euch in der Annahme des heilen Inneren Kindes zu unterstützen, da wir uns auch eine vermehrte Verbindung unserer Reiche wünschen und dieses ein wesentlicher Schritt dahin ist. Seid umfangen mit dem Feenstaub der Leichtigkeit und dem Klingen und Singen aus unseren Reichen.

Dieses ist Uriella.

Dieses ist Nada, und ich möchte noch meine Rosenblätter der Liebe und der Kraft des Christus auf euren Weg der Erkenntnis streuen, auf euren Weg der Liebe, auf euren Weg des heilen Seins. Möge der Duft ausströmen und euer Herz erfreuen und es weit öffnen, auf daß ihr euch mehr und mehr übt in dem Sehen mit den Augen des Herzens, denn auch dieses ist die Qualität des Christus im tätigem Tun.

Das Sehen mit den Augen des Herzens bedeutet das Sehen mit den Augen der Liebe. Liebe bewertet nicht, Liebe verurteilt nicht, Liebe ist Einverstandensein und Anerkennung mit allem, was ist. Je mehr du dich selbst erkennst als göttliches Wesen, das du bist, um so mehr Liebe kann in dir Raum nehmen für dich selbst, für dein Inneres Kind und deine Kinder im Außen, und für alle Menschen und alle Lebewesen auf dieser Erde und in der Gesamtheit der Schöpfung.

So streue ich erneut meine Rosenblätter auf deinen Weg und in dein Herz. Möge die Kraft der Liebe Raum nehmen in deinem Sein mehr und mehr, mögest du die Unendlichkeit der Liebe in dir erfahren und sie mit der Welt teilen. Elohim Sabbaot Amen.

Dieses ist Nada, und der Segen des Alleinen Seins erfülle euer Sein allezeit. Dieses ist Nada.

Amen.

Und dieses ist Kwan Yin, und ich komme über den Elohim der Gnade zu euch, um euch zu erinnern an die Kraft der Gnade. Bittet um Gnade, und sie wird euch zuteil werden. Bittet um Gnade, wenn ihr eure Verletzungen und emotionalen Verstrickungen lösen möchtet, und wir senden hinein die Kraft des Lotus und die Kraft des silberfarbenen Strahls und werden jede Ebene durchlichten und befreien. Das ist ein Geschenk der geistigen Welt an die Kinder der Sonne, die ihr seid, denn ihr seid unsere Brüder und unsere Schwestern, und wir stehen euch zu Diensten. Seid geliebt in der Kraft der Erlösung und der Gnade des silberfarbenen Strahls.

Dieses ist Kwan Yin über die Verbindung mit dem Elohim der Gnade. Amen.

Und dieses ist Hilarion erneut, und ich rufe euch zu, daß ihr heil seid auf allen Ebenen eures Seins, daß ihr eins seid mit allem, was ist, daß ihr göttliches Bewußtsein seid und daß ihr unendlich geliebt werdet.

Dieses ist Hilarion, und nun feiert euch und euer heiles Sein und euer geheiltes Inneres Kind.

Elohim Sabbaot Amen. Seid gesegnet.

Kontaktadressen:
Ava Minatti
Lichtgarten, Dr. Glatz Str. 27, A-6020 Innsbruck
Telefon/Fax: 0043.512.361985
E-mail: lichtgarten@lichtgarten.com
http://www.lichtgarten.com

*****

Smaragd Verlag
In der Steubach 1
57614 Woldert
Tel./Fax: 02684.978808/978805
E-mail: info@smaragd-verlag.de
www.smaragd-verlag.de

Über die Autorin

Als Ava Minatti als Kind den Namen „Atlantis“ hörte und erfuhr, daß dieses eine versunkene Stadt im Meer sein sollte, war sie entschlossen, diese zu entdecken. Damals begann ihre Suche nach der Quelle allen Seins, der sie im Laufe der Zeit ein gutes Stück nähergekommen ist.

Nach Ausbildungen in Reiki, Aura Soma und Yoga sieht sie heute ihre Hauptaufgabe darin, als Botschafterin der geistigen Welt zu dienen. Unter der Führung von Erzengel Gabriel stellt sie sich der Weißen sowie der Solaren Bruderschaft, den Engelwelten und dem Kleinen Volk zur Verfügung, damit diese durch sie sprechen und ihre Energien übermitteln können.

Gemeinsam mit ihrem Mann Antan leitet sie den Lichtgarten, ein spirituelles Zentrum in Innsbruck, wo sie in Seminaren und Einzelsitzungen anderen Menschen die Möglichkeit bietet, ihrerseits mit der geistigen Welt in Kontakt zu treten.

Sie ist Mutter von zwei Kindern der Neuen Zeit – Rowena, 3 Jahre, und Jona, 2 Jahre, die sie zu diesem Buch inspiriert haben.

Claire Avalon

Die Weiße Bruderschaft
EL MORYA: Was ihr sät, das erntet ihr!

256 S. brosch., ISBN 3-926374-59-4

EL MORYA, Aufgestiegener Meister und Herrscher des Ersten Strahls, zeigt in diesem Buch über Karma sehr anschaulich, daß es keinen strafenden Gott gibt, sondern jede Seele für das verantwortlich ist, was ihr widerfährt und daß jedes noch so kleine oder große Problem seine Ursache hat. Vor allem läßt er uns spüren, daß der Vater allen Seins mit unendlicher Liebe und Güte auf die Rückkehr jeder Seele wartet. Auch für Therapeut/inn/en ein wichtiges Buch.

Claire Avalon

Wesen und Wirken der Weißen Bruderschaft

ISBN 3-926374-90-X

"Wie wir wurden, was wir sind –
Und wie wir werden dürfen, um zu sein."
Die Autorin vermittelt in einfacher und klarer Sprache den Aufbau der Großen Weißen Bruderschaft, einer rein geistigen Hierarchie für unsere Erde, und geht dabei weit zurück bis zu den Ursprüngen unseres Seins.
Außerdem weisen die Aufgestiegenen Meister und Weltenlehrer, wie Jesus, Helios, Kuthumi, Maha Cohan, Maitreya, Sanat Kumara, anhand gechannelter Texte den Weg zurück ins Licht.

Claire Avalon

Channeling – Medien als Botschafter des Lichts

128 S. brosch., ISBN 3-926374-73-X

Claire Avalon schreibt – witzig und anschaulich – über ihre praktische Arbeit als Medium der Großen Weißen Bruderschaft und spricht u.a. folgende Themen an: Die Grundlagen des Channelings, physische und psychische Voraussetzungen auf beiden Seiten, Karma und Reinkarnation, Umgang mit dem Karma; Vertrauen und Beweise; Fragen und Antworten.
Im letzten Kapitel werden die Aufgestiegenen Meister und Lenker der Sieben Strahlen vorgestellt und kommen mit jeweils einer eigenen Botschaft zu Wort: El Morya, Konfuzius, Rowena, Serapis Bey, Hilarion, Nada und Saint Germain.
Eine wichtige Einführung in die wunderbare Zusammenarbeit mit den geistigen Ebenen.

Hermes Schmid

Das Licht der Wahrheit
Botschaften der Erzengel

128 Seiten, brosch. ISBN 3-934254-28-4

In diesem Buch melden sich die Erzengel zu Wort und offenbaren sich als aufmerksame Begleiter der Menschheit, als kraftvolle und lebende Helfer, deren Ratschläge uns unermeßlch wertvoll sein sollten, wenn wir bereit sind, sie zu hören.
Doch die Engel sind geduldige Lehrer, die sich immer und immer wieder bemühen, uns zu erreichen und den Panzer, den wir rings um unsere Seele aufgebaut haben, zu durchdringen.
In diesem Buch sprechen die Erzengel über ihre jeweiligen Aufgabenbereiche zu uns und offenbaren uns, wie umfassend wir von ihnen umgeben und behütet sind.
Dazu schenkt jeder der Engel dem Leser eine spezielle Meditation, die den Meditierenden für den jeweiligen Aspekt des Erzengels öffnet und sensibilisiert.

Silvia Mutti

Kosmische Essenzen
Tore zum Göttlichen ICH BIN

352 S., geb. ISBN 3-934254-07-1

Diese immens hoch schwingenden Essenzen – aus dem Kosmos gechannelt – dienen als Hilfe, Blockaden und Belastungen der Vergangenheit schneller zu lösen, damit wir die in uns allen schlummernden Potentiale positiv leben und uns so schneller spirituell entwickeln können.
Lichtwesen, Meister, Weltenlehrer und viele andere Wesen aus der geistigen Welt haben durch ihre wunderbaren Energien dazu beigetragen, dieses Essenzenprojekt zu verwirklichen, das unter der Leitung von Jesus Christus steht.
Mit den vielen Meditationen und Übungen auch ein wichtiges Arbeitsbuch für Therapeuten und Astrologen – aber ganz besonders auch für Eltern, die ihre Kinder bereits früh mit Essenzen auf ihrem Weg begleiten möchten. Vor allem die Gewürz-Energieessenzen wurden für die Kinder der Neuen Zeit gegeben und helfen ihnen, den Übergang von der alten Welt in die neue besser zu bewältigen

Anna Amaryllis

Die Weiße Bruderschaft –
Freunde im Licht

160 S. brosch., ISBN 3-926374-52-7

Dieses Buch gibt einen Einblick in das Wirken der Weißen Bruderschaft, zu deren Mitgliedern u.a. Jesus, Daskalos, El Morya, St. Germain, die Indianerin No-Eyes und Yogananda gehören. Es vermittelt Zuversicht, Kraft und Freude all denen, die um die Frunde im Licht wissen und sich diesen Energien öffnen.

Das Einstiegsbuch zum Thema DIE GROSSE WEISSE BRUDERSCHAFT.

Ava Minatti

Die Kinder der Neuen Zeit – Strahlende Funken des Lichts

196 S., brosch., ISBN 3-934254-23-3

Immer mehr Kinder werden weltweit geboren, die bereits mit einem neuen Bewußtsein zur Welt kommen und somit Verhaltensweisen an den Tag legen, die „anders“ sind. Ava Minatti, selbst Mutter von zwei „neuen“ Kindern, erzählt von ihren persönlichen Erfahrungen in der Schwangerschaft, bei der Geburt und im Alltag mit diesen Kindern und bietet viele praktische Anregungen, Übungen und Meditationen.
Botschaften aus der geistigen Welt, u.a. von Engeln und des Aufgestiegenen Meisters Hilarion, runden das Bild ab.
Dieses Buch richtet sich nicht nur an Eltern, sondern an alle, die mit Kindern zu tun haben – u.a. Großeltern, LehrerInnen, ErzieherInnen.

Antan Minatti

Kiria Deva und das Kristallwissen von Atlantis

160 Seiten, brosch. ISBN 3-934254-34-9

Kiria Deva, eine Kristallwesenheit, hat sich bereit erklärt, die schwere Bürde des Machtmißbrauchs und Untergangs, die auf dem Begriff Atlantis liegt, mit ihrer Schwingung zu heilen.
Dieses Buch richtet sich daher an alle, die sich auf dem Weg deS Heilwerdens befinden und bei der Mitgestaltung des Neuen Zeitalters aktiv mithelfen wollen.
Viele einfache Übungen und Anregungen begleiten uns mit gechannelten Texten und Informationen zu Kristallen, fünfdimensionalen Farben und anderen Themen und helfen uns, Verbindungen und Heilung herzustellen mit Teilen unseres Selbst, mit dem Reich der Pflanzen und Tiere, mit dem Reich des Blauen Volkes, mit Wesen der Inner Erde und dem Bewußtsein von Mutter Gaia.

Claire Avalon

Die zwölf göttlichen Strahlen und die Priester aus Atlantis

384 S., geb., ISBN 3-93425412-8

Dieses umfangreiche, ausschließlich gechannelte Werk enthält hochinteressante Informationen über das Wirken der zwölf göttlichen Strahlen und macht uns mit dem neuen und doch alten Basiswissen aus Atlantis vertraut, das uns bisher nicht zur Verfügung stand.
Im ersten Teil beschreibt der Aufgestiegene Meister El MORYA den Weg ins Neue Zeitalter und die grundlegende Arbeit mit den zwölf göttlichen Strahlen.
Im zweiten Teil des Buches macht er uns anhand eines leicht verständlichen Beispiels damit vertraut, wie wir mit Hilfe der zwölf Strahlen in zwölf Schritten einen sinnvollen Plan umsetzen und somit zum Mitschöpfer werden können.
Im letzten Teil lernen wir 84 atlantische Priester und Priesterinnen kennen, die von EL MORYA vorgestellt werden und dann selbst zu ihren speziellen Aufgaben sprechen.

Simone Crämer

Sananda: Ihr seid das Licht der Welt
Neue Botschaften zur Bergpredigt

192 Seiten, broschiert, ISBN 3-934254-38-1

Dieses aus der geistigen Welt übermittelte Buch verbindet altes christliches Gedankengut mit dem Christusbewußtsein unseres Neuen Zeitalters.
Der Aufgestiegene Meister und Weltenlehrer SANANDA gibt uns ein Neuverständnis seines Anliegens und knüpft dabei an die Bergpredigt an, jene Eingangsrede zum Neuen Testament, deren immerwährende Gültigkeit und tiefe spirituelle Weisheit noch immer wegweisend für uns ist. Gleichzeitig gibt er uns eine Neuinterpretation, ein Neuverständnis der Tradition, und schlägt dadurch eine Brücke zwischen gestern und heute, mit der er die vielen Mißverständnisse, die an die lange Geschichte des Christentums geknüpft sind, bereinigen möchte.

Jason Leen

Die andere Seite der Tür

196 S., DIN A 5, Softcover, ISBN 3-926374-86-3

„Das Schicksal der Erde ist ein völliges Eintauchen in das Wunderbare. Die Trennung von Gott, die sich die Menschheit vorstellt, existiert in Wahrheit nicht." John Lennon schildert über das Medium Jason Leen seinen Einweihungsweg durch die sieben Tempel und lüftet den Schleier des Geheimnisse: Was wird aus uns und der Erde? Eine Botschaft voller Liebe und Hoffnung.

Barbara Vödisch

Botschaft von Andromeda –
Lebe den Himmel auf Erden

ISBN 3-926374-91-8

Die Wesenheiten von Andromeda sprechen hier erstmals aus ihrer Welt unendlicher Liebe und unendlichen Seins zu uns Menschen. Ihre Botschaft lautet: Unser wahres Zuhause, unser göttliches Selbst und die göttliche Liebe sind nicht außerhalb unseres Selbst und unseres Lebens zu finden, sondern in unserem konkreten Leben auf der Erde.

Stella Maris

ICH BIN-Affirmationen mit den Aufgestiegenen Meistern

52 Kärtchen + Booklet
ISBN 3-934254-32-2

Diese wunderschönen Affirmationen möchten Sie auf Ihrem spirituellen Weg begleiten und können eine Hilfe sein, durch Konzentration auf die eigene, göttliche ICH-BIN-Kraft die innere Mitte und den Weg zu Gott zu finden. – Als Meditation, als Motto des Tages, als Hilfe für sich und andere in einer schwierigen Situation, u.v.m..

ICH BIN erfüllt von der göttlichen Liebe und suche in jedem Menschen das göttliche Licht Rowena
Ich rufe die ICH-BIN-Gegenwart des kosmischen Christus in mir an. Jesus Sananda
ICH BIN das Licht der Liebe und schwinge im göttlichen Ton. Sanat Kumara

Worte der Aufgestiegenen Meister

Gesammelt und zusammengestellt von Stella Maris
52 Karten + Begleitheft in einer Box . ISBN 3-934254-13-6

Immerwährende Weisheiten von El Morya, Hilarion, Maitreya, Jesus Chjristus Sananda, Serapis Bey, Kwan Yin, Lady Nada, Rowena, St. Germain und vielen anderen Aufgestiegenen Meistern.
Man zieht eine Karte als Motto der Woche, um die Energie des einzelnen Meister oder der Meisterin in sein Leben einzuladen und so den Alltag besser zu bewältigen. Eine praktische Lebenshilfe in einer Zeit der Hektik und des Stresses.
"Der Weg der Erleuchtung liegt in der Entscheidung, sich der göttlichen Kraft zu öffnen und das Göttliche im Alltäglichen zu lieben". (Lady Nada)

Weisheiten der Liebe

Gesammelt und zusammengestellt von Stella Maris
52 Karten + Begleitheft in einer Box ISBN 3-934254-22-5

Worte der Liebe für den Alltag und ein liebevolles Miteinander, von Heine, Goethe, Coco Chanel, Novalis, Hesse, u.v.a.: Als Liebeserklärung, als Botschaft des Lächelns, als Gedanken der Ruhe in der Hektik des Tages, als Zeichen der Versöhnung nach einem Streit ... Für Liebende und alle, die mehr Liebe in ihr Leben bringen möchten:

"Und könnte ich reden mit Menschen und Engelszungen und hätte der Liebe nicht, so wäre ich ein tönernes Glas und eine hölzerne Schelle." Die Bibel
"Die Liebe ist ein Stoff, den die Natur gewerbt und die Phantasie bestickt hat." Voltaire
"Liebe ist der Endzweck der Weltgeschichte, das Amen des Universums." Novalis

Barbara Vödisch

Lady Nada: Botschaften der Liebe

196 S., DIN A 5, Softcover, ISBN 3-926374-75-6

Hier ist die Antwort der geistigen Welt zu einem Thema, das die Menschheit seit jeher bewegt hat.
Nada, Aufgestiegene Meisterin, spricht über das Thema Liebe in all seinen Facetten: Die Liebe zu sich selbst und zu anderen; zu Pflanzen und Tieren; Kontakt mit der geistigen Welt – das sind nur einige Themen dieses Buches, aus dem so viel Liebe strömt, daß einem bei der Lektüre ganz warm und das Herz ganz weit wird.

Barbara Vödisch

Lady Nada – Meditationen der Liebe

128 Seiten, DIN A 5 . Softcover . ISBN 3-934254-00-4

Für alle die Menschen, die *Lady Nada – Botschaften der Liebe* mit Begeisterung gelesen haben und diese Botschaften praktisch in ihr Leben integrieren möchten.
Meditieren Sie mit Nada –

Meditationen zur Erinnerung an eine Existenz in bedingungsloser Liebe; für Liebe und Vergebung; Befreiung von Abhängigkeiten in Beziehungen; die Liebe zu sich selbst: für den inneren Frieden, u.v.m. –
als Hilfe, uns daran zu erinnern, was und wer wir wirklich sind.

Barbara Vödisch

Einssein mit Gott – das Ende jeder Suche

192 S., brosch. ISBN 3-934254-08-X

Mit überwältigender Intensität und Dringlichkeit über Wochen, von einer nicht beschreibbaren unendlichen lichten, in in allem enthaltenen Energie erfaßt, empfing die Autorin innerhalb kürzester Zeit diese Durchgaben von "ES", göttliches Sein, das zu uns Menschen spricht, um uns zu helfen, die Einheit mit Gott zu erfahren.
Eins sein mit Gott ist nicht Erleuchteten in Indien, Mönchen oder Asketen vorbehalten. Es ist jedem Menschen zu jeder Zeit möglich.
Dieses Buch räumt daher mit Mißverständnisse und Tabus auf und ermutigt und hilft dem spirituell erfahrenen, aber auch dem unerfahrenen und skeptischen Leser, aller Suche ein Ende zu machen und unendliches göttliches Sein, unendliche göttliche Liebe für immer gewahr zu werden.